企业高层管理团队冲突及其管理

陈 云 著

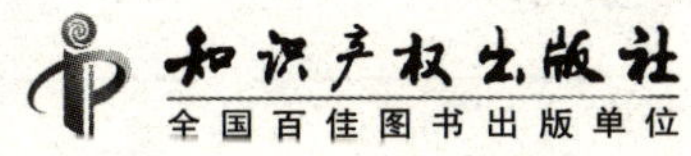

内容提要

企业高层管理团队的冲突对企业绩效的影响有消极的一面，也有积极的一面。建设性冲突能提高高层管理团队对复杂事件的理解力和创造力，进一步提升企业绩效；而破坏性冲突则会产生高层管理团队的内耗，降低团队内部的信任度和凝聚力。正确认识高层管理团队的冲突，并对冲突进行有效的管理是高层管理团队成功运作的关键。

本书以企业高层管理团队冲突为研究对象，探讨企业高层团队冲突的根源、特征、互动过程，从多学科、多理论的角度认识企业管理团队冲突的内涵与本质特征，透析高层管理团队冲突的微观机理与效应，探讨企业高层管理团队冲突管理的原则、过程、方法与策略。最后，本书将冲突理论与和谐理论相结合，探索性地提出了高层和谐管理团队新模式的构建原理与途径。

责任编辑：江宜玲　　　　**责任出版**：卢运霞

图书在版编目（CIP）数据

企业高层管理团队冲突及其管理/陈云著. —北京：知识产权出版社，2011.9

ISBN 978-7-5130-0841-9

Ⅰ.①企… Ⅱ.①陈… Ⅲ.①企业管理—组织管理学 Ⅳ.①F272.9

中国版本图书馆 CIP 数据核字（2011）第 195273 号

企业高层管理团队冲突及其管理

QIYE GAOCENG GUANLI TUANDUI CHONGTU JIQI GUANLI

陈　云　著

出版发行：知识产权出版社

社　　址：北京市海淀区马甸南村1号	**邮　　编**：100088
网　　址：http：//www.ipph.cn	**邮　　箱**：bjb@cnipr.com
发行电话：010-82000860 转 8101/8102	**传　　真**：010-82000507/82000893
责编电话：010-82000860 转 8339	**责编邮箱**：jiangyiling@cnipr.com
印　　刷：知识产权出版社电子制印中心	**经　　销**：新华书店及相关销售网点
开　　本：787mm×1092mm　1/16	**印　　张**：10
版　　次：2011年9月第1版	**印　　次**：2011年9月第1次印刷
字　　数：162千字	**定　　价**：38.00元

ISBN 978-7-5130-0841-9/F·460（3733）

目录

第1章 企业高层管理团队冲突的基本问题

1.1 企业高层管理团队研究的背景

在社会转型期以及剧烈动荡的外部环境下，企业面临日益复杂多变的市场环境和全球经济一体化。日新月异的信息革命、层出不穷的高科技产品、多元化的组织任务、管理技术与手段的不断更新，都使得传统的“单人独斗”式企业领导模式无法应对新的挑战和要求，“团队运作”式领导模式显得愈来愈重要。大量理论研究和企业实践表明，来自不同部门、不同领域的高层管理精英所构成的高层管理团队不仅是企业智力资本的重要载体，也是企业可持续发展的动力源泉，更是企业达成目标、实现愿景的关键。企业高层管理团队理论已成为公司治理、组织行为、人力资源以及战略管理等理论研究的重点。

但是，企业高层管理团队在成员构成方面的异质性和层级结构上的特殊性，使得组建和有效运行高层管理团队非常困难。在我国，以联想“柳倪矛盾”、方正“高层易主”为典例的众多企业高层管理团队冲突问题已成为我国企业经济管理中存在的重大难题。在有待完善的现代企业管理制度下，企业高层内部为争夺资本话语权进行着“明争暗斗”的博弈；企业所有者与经营者之间为争夺控制权进行着“权与利”的较量；各种利益诱惑导致企业高层管理团队频频出现“内部人控制”、“寻租”和“道德风险”，甚至发生集体兵变；高层管理团队如何处理工作、情感中的摩擦问题已成为令企业头痛的“疑难杂症”。由“口水战”到“仲裁战”，由二人冲突到派系纷争，这些冲突轻则使企业元气大伤，重则会造成企业破产。因此，正确认识高层管理团队的冲突，并对冲突进行有效地管理是高层管理团队成功运作的关键。

企业高层管理团队的冲突对企业绩效的影响有积极的一面和消极的一面。建设性冲突能提高高层管理团队对复杂事件的理解力和创造力，进一步提升企业绩效；而破坏性冲突则会产生高层管理团队的内耗，增加团队内部的抵触和不满情绪，妨碍知识的共享和交流，降低团队内部的信任度和凝聚力。因此，有必要对高层管理团队冲突展开深入的研究，帮助企业领导者化解破坏性冲突，并合理地利用冲突的杠杆作用，以提高高层管理团队运作的有效性；同时，这一研究得出的一些有意义的结论，也可为我国企业高层管理者进行冲突分析、冲突转化、冲突控制和冲突解决提供一些新思路和新方法。

20 世纪 80 年代以来，国外学者在构建企业高层管理团队理论方面取得了很多成果，但实证研究较为零散，其研究结果存在大量分歧。大部分的研究主要集中在企业高层管理团队成员传记特征对冲突的影响，但对成员之间的冲突关系、冲突演变过程、冲突的结果等研究较少。在我国，两方面的研究起步都较晚，但近几年已引起学术界和企业界的高度重视。在这样的背景下，亟须采用多学科、多理论对企业高层管理团队冲突进行多维度的理论扩充和延伸，以补充现有的理论框架；同时也有必要将冲突理论与和谐理论相结合，探索高层和谐管理团队新模式，以激发团队的创造性与理解力、提高企业的核心竞争力。

冲突在人类社会发展过程中广泛存在，冲突在某些时候会阻碍社会的进步，在某些时候却又能推动历史的良性发展。从历史的、管理的、行为的角度科学地透析冲突机制、分析冲突过程、研究冲突结果、提供解决和管理冲突的技术是组织管理面临的重要任务。经济冲突是社会冲突的表现形式之一，而企业作为经济系统中最基本的单位，其兴衰直接关系到整个社会经济的繁荣或萧条。大量研究表明，在当今复杂的动态环境中，企业高层管理团队扮演着战略家、领导家与企业家三大角色；处于制定企业战略、进行统筹管理、绩效管理、利益相关者管理等一系列重要管理工作的核心阶层，位于高瞻远瞩的地位，是企业经营活动的主导力量；因此，高层管理团队对于企业的成长发挥着积极作用。但是，由于高层管理团队在成员构成方面的差异性和层级结构上的特殊性，组建和有效运行高层管理团队比较困难，而冲突则是影响高层管理团队有效运作的主要因素之一。所以正确认识高层管理团队的冲突，并对冲突进行有效的管理是企业高层管理团队成功运作的关键，同时，对于正确认识企业管理团队冲突的本质特征，揭示高层管理团队冲突的运行规律，积极发挥高层管理团队的正向效应并缓解其负向效应均具有重要作用。

本书以企业高层管理团队冲突为研究对象，旨在探讨企业高层团队冲突的根源、特征、互动过程，展开相关的理论与实证研究，从多学科、多理论的角度正确认识企业管理团队冲突的内涵与本质特征，透析高层管理团队冲突的微观机制与效应，探讨企业高层管理团队冲突管理的原则、过程、方法与策略，同时，探索并构建一套较完整的、科学的企业高层管理团队冲突管理体系，提出企业高层和谐管理团队构建的原理与途径。

当前，企业高层管理团队冲突已经引起了众多学者们的注意，也取得了一些研究成果，如表 1-1 所示。

表 1-1 企业高层管理团队冲突研究的代表学者与主要研究成果

代表学者	主要研究成果
Hambrick (1984[1]、1992[2]、1996[3])	(1) 提出《高层梯队理论》; (2) 提出从 3 个方面描述和测量高层管理团队，包括团队组成、团队过程与团队; (3) 提出团队成员的特征与互动过程会直接影响高层决策，进而影响组织绩效与战略选择; (4) 提出高层管理团队行为整合，并且通过 CEO 访谈和案例研究将其与组织结果联系在一起
Amason (1994[4]、1996[5]、1997[6]、1999[7])	(1) 认为在动态与不确定的外部环境中，高层管理团队存在争议和分歧是必然的; (2) 把高层管理团队中的冲突分为认知冲突与情绪冲突; (3) 提出冲突的水平和类型会影响决策的整体效能以及组织的整体效能; (4) 提出积极的绩效反馈会降低高层管理团队战略过程中的冲突; (5) 提出冲突主要受到共有性和开放性的影响
Jehn (1994[8]、1999[9])	(1) 构建 7 项目冲突量表; (2) 发现情绪冲突降低了团队表现; (3) 对以往团队构成差异、差异和冲突的关系的研究成果进行了概括总结; (4) 提出认知冲突与团队决策的质量、理解程度和接受程度呈正相关；而情绪冲突则相反

目前，高层管理团队研究主要集中在高层管理层的组成以及团队成员传记性特点（如年龄、任期、专业技能与教育水平）（Fleishman et al.[10]，1991）、高层管理团队的团队、高层管理团队的运作过程，等等。已有的高层管理团队的研究成果为后继研究打下了坚实的基础。现阶段，我国的高层管理团队的研究可以在以下 4 个方面展开：（1）加强对不同文化背景、不同所有制企业的高层管理团队的研究；（2）加强对高层管理团队冲突的机制与效

应的研究；（3）加强对建设和谐高层管理团队的研究；（4）加强对冲突案例的研究与社会转型期企业的定量研究。

1.2 企业高层管理团队的界定

1.2.1 企业高层管理团队的定义

“高层管理团队”（Top Management Team，TMT）一词最早出现于20世纪70年代有关战略管理研究的论著中，高层管理团队被视作是企业的运行中枢，并通过制定和实施决策来实现企业的价值增长（Akaike. H.[11]，1980），相关研究主要偏重显示CEO在团队中的重要性。20世纪80年代的企业资源基础理论认为企业高层管理团队是以独特方式结合在一起并通过决策的制定而为企业增加价值的群体，是企业的核心战略资源[12]。由于各国在企业治理体制方面的差异，学者们对高层管理团队的定义不尽相同，本书将较为典型的定义归纳于表1-2中。

表1-2 高层管理团队的各种定义

代表学者	关于高层管理团队的定义
Fredrickson[13]（1984）	高层管理团队是通过和企业CEO讨论确定的、在关键经营决策中常规性发挥效用的经理人团队
Jackson和Michael[14]（1989）	高层管理团队是那些参与公司所面临的重大决策的高级经理们
Smith K. G, Smith K. A, Olian J. D等[15]（1994）	高层领导团队主要是指那些良性互动、认同共同目标、资源整合优化、高效能的领导班子
Murray[16]（1989），Geletkanycz & Hambrick[17]（1997）和Sanders & Carpenter[18]（1998）	高层管理团队包括董事会主席及副主席、首席执行官、首席作业（经营）主管、总裁、资深副总裁和执行副总裁等
Li J.，Xin K R，Tsui A[190]（1999）	高层管理团队是公司高层经理的相关小群体，包括CEO、总经理、副总经理以及直接向他们汇报工作的高级经理
孙海法和伍晓奕[20]（2003）	企业高层管理团队并不是高层经理的简单组合，而是界定于那些良性互动、认同共同目标、资源整合优化、高效能的领导团队。高层管理者的任务之一就是及时捕捉环境的变化，顺应环境的变化，为公司的经营和发展做决策

续表

代表学者	关于高层管理团队的定义
王飞，张小林[21]（2005）	高层管理团队是由那些参与公司经营决策和战略决策的人组成的小群体，包括董事长、总经理、各部门总监（如人力资源总监、运营总监）等
赵峥，井润田[22]（2005）	现代公司制企业中的高层管理团队通常由董事会成员及正、副总经理，以及其他共同参与战略决策的高层管理者所组成，通常包括3～10名成员
Kamm等[23]（1990）	高层管理团队是由公司的创建者组成的
Hickson等[24]（1986）和Jackson[25]（1992）	高层管理团队就是积极参与问题讨论并作出决策的管理人员

注：原始资料来源于［13］～［25］，作者作了归纳整理。

对于这一定义，可以做以下3个解释：

（1）企业高层管理团队属于企业核心资源，是企业中知识和能力的结合体，是企业与外部环境的交会点；处于企业的战略规划与战略执行层，承担着整个企业的组织、管理、协调与控制任务，如图1－1所示。

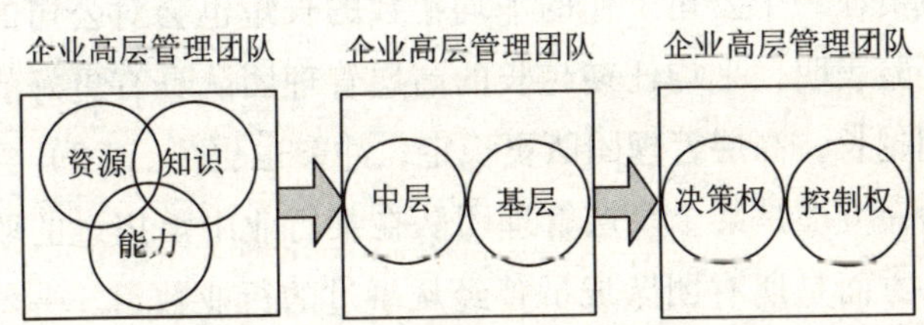

图1－1　企业高层管理团队定义诠释

（2）企业高层管理团队成员的职责主要是制定和实施企业的战略决策与经营决策，即发现企业的未来发展机会并制订企业的战略计划，敲定、监督、控制战略计划和战略决策运行以保障战略目标的顺利实现。

（3）企业高层管理团队成员需有良好的环境认知能力，以利于企业识别外部环境的变化，在不确定性下作出与动态环境相适应的战略决策。

1.2.2　企业高层管理团队的特征

高层管理团队的特征将影响到组织的战略选择、战略路径以及组织的整体；团队成员的认知风格、价值取向、感知力等会影响到组织的各种行为。Hambrick 认为，高层管理团队的特性包括传记性特征与非传记性特征[1]。团队运作的行为与偏好不仅取决于团队领导的个人性格、行为及其背景，还依赖于高层管理团队整个群体的性格、行为、背景和经验以及他们如何充分利用这些优势资源。

企业高层管理团队的传记性特征包括：（1）年龄。年龄不同，其成长环境不同，受教育背景不同，价值观不同，风险偏好不同。例如，从风险偏好来看，高层管理团队平均年龄越大，越倾向于回避风险，所执行的企业战略较少调整变化，而成员年龄较小的团队则容易改变战略，喜欢尝试创新的或选用冒险的方案。（2）教育背景。教育背景一般从教育完成的年数和教育的来源来评定，包括正式教育与在职培训。个人的教育背景一般认为可以反映一个人的认知能力，因此，个人的教育背景被认为与灵活应变、信息处理能力存在正相关关系。研究发现，教育背景高的高层管理团队更容易在组织变革中达成一致并取得成功。（3）专业水平。高层管理团队成员的专业技能可分为两类：一类是会计、金融、法律等技能；另一类是设计、生产、营销与管理等技能。后者是关键技能，可以为企业提供核心竞争力。（4）任期。高层管理团队成员在一个公司工作的平均年数的长短也会对公司的绩效产生一定的影响。经验表明，平均任期越长的高层管理团队具有更好的沟通和认知一致性。任期越长，高层管理团队更稳定，冲突也更少。（5）经验。高层管理团队的经验一方面是某个高层管理团队在某行业中承担过的职能角色的平均数目，另一方面是所有团队成员曾经从事过的行业数目。一般认为，经验丰富的高层管理团队在处理危机方面表现会更为出色。

高层管理团队的非传记性特征是指包括非人口学方面的高层管理团队统计特征，即高层管理团队的组织结构特征以及高层管理团队运作中的程序特征。具体包括：（1）规模大小。一般认为，高层管理团队的规模大小与团队认知一致性与决策效率呈负相关关系。（2）公开程度。Eisenhard 和 Bourgeois[26]认为，在一个鼓励公开交流的团队中极少存在着团队成员的阴谋以及团队成员之间的冷嘲热讽。（3）协作程度。协作程度是指团队成员共同合作以实现团队整体目标的意愿程度。研究表明，高层管理团队的协同性有时会减少冲突的产生，同时，协同性的程度是与认知冲突的水平呈负相关的。另外，有学者研究发现报酬平均分配的团队比较难以激励成员去发表不同看法，以致难以得到周全的决策。

1.2.3　企业高层管理团队的功能

企业高层管理团队不同于普通的工作团队，其团队的主要功能是通过良好的团队运作对组织效率或绩效产生正向作用，如减少成本、制定更优决策等，主要包括5项功能：决策功能、领导功能、协调功能、沟通功能和激励功能，如图1－2所示。

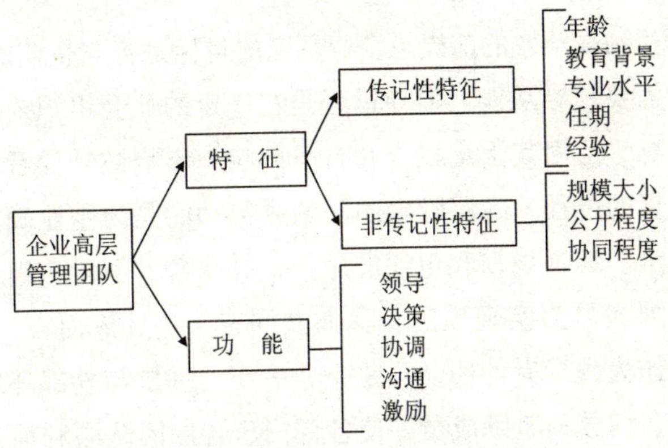

图1－2　企业高层管理团队的特征与功能

1. 决策功能

美国著名管理学家西蒙认为："管理就是决策"。管理的关键在于经营，经营的核心在于决策。一旦决策失误，全盘皆输。决策过程是指组织和个人为了实现某种目标而对未来一定时期内有关活动的方向的选择和调整过程。高层管理团队担负战略决策职责，属于组织的核心群体。Fredrickson[13]认为高层管理团队是通过和企业CEO讨论确定的、在关键经营决策中常规性发挥效用的经理人团队。决策就是作出决定。管理决策在目前的管理中占有十分突出的地位。企业管理中大部分工作都离不开决策。高层管理团队所面临的决策问题，内容极其广泛，但无论何种决策，都有一个科学与否的问题，而其中最重要的是对组织战略、非程序化、风险性、不确定性重大经营问题作出决策的艺术，即如何使所作决策能够保持组织外部环境、内部条件和经营目标三者的动态平衡。企业高层管理团队的决策功能是相对于个人决策而言的，是一种在决策过程中由团队共同作出的决策，具有一些个人决策无法具备的优点，如提供更为全面的信息、获得更多的备选方案、有利于调动成员的工作积极性、可提高决策的执行度等。然而，由于团队决策在决策过程中所表现出的特质，包括决策权力的分散性、决策结果的共益性、决策过程的共存性等，从而使团队决策相对个人决策要复杂得多，并使群体决策在具体操作中也暴露了一些缺点，如时间长、效率低、成本高、内耗大、责任不清等。如何使群体决策有效化，扬长避短，这就需要充分了解群体决策受哪些因素影响，从而减小决策过程中的因素性制约。

2. 领导功能

企业能否达到高绩效的前提是企业员工的目标是否与企业的目标相一致，这个过程同样需要领导功能。领导过程是在一定的社会组织或群体内，为实现组织预定目标，运用其法定权力和自身影响力影响被领导者的行为，并将其导向组织目标的过程。高层管理团队的领导功能是为企业确立目标、制定战略、进行决策、编制规划和组织实施等，并率领、引导、组织、指挥、协调、控制其下属人员为实现预定目标而共同奋斗。具体而言，在企业内部，高层管理团队作为领导者的团队，是企业中层、基层与外部环境的中介、负责协调、整合、指导和激励成员，使各部门、各层团队顺利前进。高层领导者们要将组织任务、目标转译成团队成员理解的、切实可行的工作计划，并利用可获得的资源来完成任务，此外还要提升所有成员的士气，激励成员们努力工作并取得好的成绩。

3. 协调功能

高层管理团队的协调功能是指高层管理团队从实现组织的总体目标出发，依据正确的政策、原则和工作计划，运用恰当的方式方法，及时排除各种障碍，理顺各方面关系，促进管辖内的部门和基层正常运转和工作平衡发展的一种管理职能。从一定意义上说，管理者的任务就是协调关系。协调如同“润滑剂”，是组织凝聚力的源泉之一。协调职能是现代管理的重要职能，也是高层管理团队对企业产生效能的功能之一。在现代管理过程中，由于管理体制不顺，权责划分不清，政出多门，互相扯皮；领导班子不团结，相互拆台；干部素质上的差异，导致对问题的认识和看法不一致；决策失误、计划不周，导致执行困难；客观情况的重大变化，导致原来的工作计划无法继续实施；单位、部门之间的本位主义和个人感情上的隔阂，导致相互之间的矛盾和冲突等，使得组织管理过程中充满各种矛盾和冲突。如果不能及时排除这些矛盾和冲突，理顺各个方面的关系，组织机构的协调运转和计划目标的顺利实现就不可能。因此，协调工作十分重要。领导者必须高度重视协调工作，认真履行好协调职能。高层管理团队的协调功能包括：协调企业员工的思想认识、协调企业员工的奋斗目标、协调各部门的工作计划、协调员工的职权关系、协调企业的政策措施。

4. 沟通功能

企业高层管理团队行为的中心是沟通，这也是社会交流与企业内部信息传递和理解的本质。沟通是协调各个体、各要素，使组织成为一个整体的凝聚剂；沟通是领导者激励下属、实现领导职能的基本途径；沟通也是组织与外部环境之间建立联系的桥梁。企业高层管理团队的每位成员将各专业的信息汇集在一起，那么就需要强大的沟通功能使得团队的各成员能够正确理解和分析复杂的大量信息，并作出有效的决策。因此，团队的沟通功能是相当重要的，同时，团队沟通是多维的，可能是非正式的，并且可以改变频率。孙海法[27]运用合作与竞争的理论对团队的沟通进行了深入的研究。他们认为，当人们之间具有合作关系和共同目标时，就会导致开放的讨论和互相的帮助。人们的竞争关系或独立关系都会引起闭锁的思维并阻碍沟通。所以团队成员的关系会影响到团队内成员的互动。构建良好的、和谐的高层管理团队信息共享氛围是发挥团队沟通功能的前提。

5. 激励功能

作为领导者的团队，高层管理团队在其工作中最得意的方面就是教导，即激发、激励和帮助他们所管理部门的成员超越普通的自我。激励是一种精神力量或状态，这种精神力量或状态能调动和激发员工的积极性与主动性。团队成员获得的教导越好，那么企业的目标与愿景的认同度就越高，企业政策与制度贯彻得就越好，同时，企业各部门运转的效率也就相应提升，最终达到企业的既定目标。通常，高层管理者们对其下属员工的激励措施有：仔细倾听员工们的心声并帮助员工们用清晰、象征性的措辞清楚表达他们的目标；识别成员的强项，安排他们去合适的工作岗位并鼓励他们自主工作；指导成员办事程序，帮助成员了解他们自己的职责，并在实施过程中对他们进行适度奖励等。高层管理者们在激励、实施激励的时候，应该把激励的手段和激励所要达到的效果有机地结合起来，最终目的是为了充分地激励员工的积极性和创造性。

1.3 企业高层管理团队冲突的内涵与特点

1.3.1 企业高层管理团队冲突的内涵

冲突是一种广泛存在的社会现象，它不仅存在于正式组织的各项活动之中，而且存在于人类社会活动的各种形式、各个层面、各个领域和所有主体之中。本书认为：企业高层管理团队的冲突既表现为团队成员之间的一种相互依赖的互动关系，又反映处于战略制定与执行层的核心团队成员之间的竞争和合作关系；冲突也可以理解为一个过程，即团队成员之间存在认知不相容、目标不协调、感情不融洽等因素时引起的对立或不一致的相互作用过程。

为了更好地理解这一内涵，可以从下面 4 个角度来认识。

（1）企业高层管理团队的冲突是不同主体或主体的不同取向对特定客体处置方式的分歧，而产生的行为、心理的对抗和矛盾的相互作用状态。此处冲突的主体可以是企业高层管理团队、团队中的某个群体或单个高层管理人员；冲突的客体可以是利益、权力、资源、目标、方法、意见、价值观、感情、程序、信息、关系等。前者主要表现为企业高层管理团队内部的行为对立状态，后者主要表现为企业高层管理者自己内心的心理矛盾状态。

（2）存在两个以上“机会”缺乏或“资源”缺乏的共同问题的客观冲突实体，而且各冲突实体具有行使自身的权力来控制或获取利益的行为或威胁。此时，企业高层管理团队分配的资源不能满足成员们的需求，而导致资源上的争执或冲突。

（3）企业高层管理团队内部的冲突问题通常是行为层面的人际关系冲突与心理层面的个人心理冲突的复合。客观存在的人际关系冲突必须经由高层管理者去感知，内心去体验，当他们真正意识到存在某种内在冲突、内心矛盾之后，高层管理人员可能会感觉到愤怒、敌意、恐惧或怀疑等外显或内隐的种种情绪，然后才得知冲突的存在。因此，冲突是否存在不仅是一个客观性问题，而且也是一个主观的感受问题。

（4）在高层管理团队内部，冲突的各方既存在相互对立的关系，又存在相互依赖的关系，任何冲突事件都是这两种相互关系的对立统一状态。高层管理团队所面临的工作任务的复杂性使得他们不可能依靠自己的有限能力去解决团队的整体目标，于是成员们必须相互合作、把握工作节奏和方法，加强相互间的协作、信息沟通，共同实现团队与企业的目标。同时，这种相互依赖性提供了对彼此行为控制的可能性，成为冲突出现的诱因之一。另一方面，企业领导对于冲突进行的管理，是以冲突各方的相互依赖关系为基础，相互对立关系状况的转化或诊治为重点，寻找矛盾冲突的正面效应并制约其负面效应，调整彼此的对立统一关系。

1.3.2　企业高层管理团队冲突的特点

企业高层管理团队的冲突现象的特点可概括为以下 4 点。

（1）行为及目标的互不相容性。

冲突是一种对立的行为，冲突来自互不相容性。这种对立（Opposition）的表现形式和程度会有很大的差别，涵盖所有水平的冲突，可能是消极冷漠、沉默抗议，也可能是明显的攻击行为、侵犯伤害对方。以利益冲突为例，当企业高层管理团队内部成员在利益分配问题上存在矛盾，往往会因利益目标的不一致而引发对立性或对抗性冲突行为。这种目标的不相容性是诱发冲突的前提。同时，企业高层管理团队成员们对待冲突的处理态度或行为构成了冲突演化方向的条件，团队内部的对抗行为所导致的结果印证了冲突的最终状态。

（2）冲突原因的复杂性与多样性。

冲突既可以由物质性原因引起，也可以由非物质性原因引起，而在这两类原因内又可以细分出众多的原因，呈现出多样性的特点。当某企业高层管理者把冲突作为达到特定目的的手段，以引起有关对象的注意，并求得问题的解决时，这种冲突是现实性冲突。当某高层管理人员将冲突本身当作冲突行为的目的，通过冲突的过程来宣泄一种敌对情绪时，这种冲突属于非现实性冲突。除此之外还可以根据冲突的原因、破坏程度等多种冲突进行其他类型的划分，将在下一节具体介绍。

（3）冲突过程的互动性。

冲突是一个动态的、不断改变的历程，它是从企业高层管理团队的各层级、层级与员工之间、员工与员工之间的相互关系和相互作用过程中发展而来，它反映了冲突主体之间交往的状况、背景和历史，同时这些背景因素也影响着冲突的演变过程。企业高层管理者对待冲突态度和行为的不同可以影响冲突的水平高低，可以缓解或者激化冲突的程度，也可以加强或者削弱高层管理团队的凝聚力。冲突的结果如何，主要看冲突过程中双方的互动过程如何。Hay[28]提出人际冲突不同于个体内部的动机和思想冲突，也不同于有组织的社会群体之间的冲突，而是个体与个体之间的互动关系，是至少两个人之间的社会交换过程。冲突的过程可视为博弈的过程，在每一步博弈过程中，各冲突博弈方均有影响所有其他各方利益的可行性方案集。为了迷惑其他各方或虚张声势等，冲突实体亦会随机地选择（确定的）可行方案，即可行方案也可能是混合型的，使得高层管理团队的冲突问题演化成为不完全信息下的动态博弈问题。

（4）冲突是把“双刃剑”。

企业高层管理团队冲突的结果可能给企业带来巨大的破坏作用，也有可能给企业带来问题的建设性解决，因此，冲突具有双重性。首先，破坏性冲突是企业高层管理团队之间交流不良、管理不善的表现，它是消极有害的；它会消耗高层管理者和被管理者大量的时间和精力，使工作受到损害，影响人际关系，产生不良团体心理氛围，使团队成员们在工作中感到压力和焦虑。而建设性冲突首先可以激发团队成员的才干和能力，使其自觉主动地不断提高水平。其次，建设性冲突有利于带动团队工作的创新与改变。再次，在沟通与交流中对企业战略等高难度问题提供更多的诊断信息，有利于高层管理者作出准确决策。最后，建设性冲突能够使团队成员统一目标与思想，进而同心协力、步调一致地实现团队目标。

企业高层管理团队冲突的特点可归纳为表1-3。

表1-3　企业高层管理团队冲突的特点

现象	冲突根源	冲突行为	冲突目标	冲突过程	冲突结果
特征	复杂性、多样性	互不相容性		互动性	双重性

1.4　企业高层管理团队冲突的分类

综观冲突理论与企业高层管理团队理论的现有研究成果，关于企业高层管理团队冲突的分类研究大部分都是零散不全的。这里，将传统的、常见的与创新性尝试的分类方法合并在一起，以期提供一种较完整、较系统、较综合的关于企业高层管理团队冲突的分类体系。

需特别指出的是，现实中的冲突常常有三方或多方，为了简化冲突的分析，本书仅通过剖面的方式选择两方冲突来进行研究。另外，还需要阐明的是，不同类型、不同层次的冲突之间具有相互作用的关系，能在一定的条件下互为转化。

1. 按冲突主体进行划分

团队冲突理论将团队冲突分为团队内部个人层次的冲突（个人内在冲突和人际关系冲突）以及个人与团队的冲突。根据冲突主体的不同，可以将企业高层管理团队分为高层管理团队内部成员之间的冲突、高层管理团队内部派系之间的冲突和高层管理团队内部个人与团队之间的冲突。

高管团队成员内部之间的冲突主要来源于团队的异质性，企业在选择高管人员时有意将思维方式相异、知识能力结构不同的人组合成高层管理团队，目的是增加成员的认知冲突。然而，当认知冲突水平很高的时候，这些异质性的存在会导致情绪冲突的产生。

高层管理团队内部派系之争通常源于利益冲突或者权力冲突，起初也可能是个人层次的冲突，后来通过集群效应，逐步演化成派系之间的冲突，该类冲突一般具有消极性，对组织活动具有破坏性。

高层管理团队内部个人与团队之间的冲突则更多地表现在个人目标与团队目标之间的差异性上，如董事会赋予董事长的战略目标是追求企业长远利益，而经理层却关注近期的效益与利益，往往会引发经理层与董事长之间的冲突，如2006年华凌高层“大换血”事件。

2. 按冲突先行条件进行划分

企业高层管理团队冲突可能会增加不满与抵触，但同样也可能增加创造力与理解力。Amason[5] 把这种冲突分为认知冲突（或称作任务冲突、实质冲突）与情绪冲突（或称作关系冲突）。

由团队成员对任务的目标及完成方法的认识不一致而引起的认知冲突是功能积极的，团队成员是理性的；而由团队个人与个人之间的积怨或不合等基于负面情感而导致的情绪冲突则是功能紊乱的，其团队成员是感性的。前者有助于集思广益，与高层管理团队决策的质量呈正相关；而后者不仅与决策质量呈负相关，而且会降低成员间的理解力，挫伤成员间的情感，导致团队绩效低下。

3. 按冲突动因进行划分

根据冲突的动因可以将企业高层管理团队冲突分为：角色冲突、信息冲突、利益冲突和文化冲突。

企业高层管理团队是处于企业决策层、管理层和执行层的核心团队，其中的大部分成员还代表着另一个更加庞大的团体，团队各成员“职能+职位”的殊异性导致角色冲突的产生，从而使高层管理人员陷入“权利困境”、“道德困境”与“政策困境”，一般角色冲突属于个人内在冲突。

信息冲突是在高层管理团队内部沟通过程中因信息的流动不畅或不对称而引起的冲突，甚至是被某些成员有目的地、有策略地利用信息（包括有时说谎、隐瞒、欺骗等）等行为所促使的冲突。信息冲突通常能在一段时间后得到缓解，但是它给企业带来的决策迟滞或失误是无法弥补的，同时给企业高层管理团队内部笼上的“不和谐”、“疑心”、“紧张”等气氛是短期内无法消散的。

交易费用理论为利益冲突给出了最好的解释。高层管理团队的众成员同一般经济活动人一样，具有强烈而复杂的追求自我利益的机会主义倾向，他们会以狡黠的方式追求自身利益的最大化，而不顾及其他的经济利益或非经济利益（如地位、权利、名誉等），从而导致高层团队内部的冲突即是利益冲突。当企业没能在高层管理人员利益环节做好薪酬等管理制度的时候，高层管理团队内部的道德风险会屡屡发生，这也是近几年全球企业界高度关注的问题。

这里的“文化”，指的是一批具有共同经济、社会和政治制度的人共享的意识形态，从全球企业经营管理的角度考察文化可以分为企业文化和跨文化（不同民族、异域文化之间的关系）。因不同的企业文化和不同民族、异域文化所导致高层管理人员的价值观念、思维方式和工作生活习惯发生差异所引起的企业高层管理团队内部冲突称为文化冲突。如国企改革过程中新老企业的文化冲突，再如跨国公司、外商合资公司等跨文化冲突问题。

4. 按冲突过程进行划分

美国行为科学家 Pondy[29] 把冲突过程划分为 5 个阶段，同样也出现了 5 种基于过程视角的冲突形态，分别是潜在冲突、知觉冲突、意向冲突、行为冲突和结果冲突。

潜在冲突（或称为隐性冲突）处于冲突的潜伏期。在这一时期，不同高层管理人员彼此开始积累能够引发冲突的一些前提条件，这些前提条件并不一定会导致冲突，但是它们却聚集了冲突的根源，是冲突产生的必要条件。一旦这类冲突的前提条件积聚到位，冲突的过程就会开始。

知觉冲突处于冲突的认知期。这一时期是企业高层管理人员对潜在冲突的认识和感觉阶段，高层管理人员逐渐对这些潜在冲突产生了心理和生理上的反应，如紧张、焦虑等，于是开始认识和界定冲突。一般来说，企业高层管理人员均具备超常的敏感知觉以及过人的自我控制能力，因此，在企业高层管理团队冲突中，知觉冲突阶段持续时间通常较长。

意向冲突处于冲突的判断期。在此期间，企业高层管理团队成员在自身的主观认知、情绪与外显行为之间，根据自我判断作出行为或意图的决策。这个决策的效果很可能会促使冲突的升级或突变。

行为冲突处于冲突的作为期或表现期。经过判断期后的高层管理人员心中已有冲突行为意向的决定，因此，在其他诱因的激发下很容易将这一冲突意愿表达出来，以贯彻自己的意志。此时的冲突行为往往带有刺激性、对立性和互动性，在高层会议上的“唇枪舌剑”、“拍案而起”、“摩拳霍霍”都是典型的表现形式。

结果冲突处于冲突后果期。企业高层管理团队成员在上一个时期的冲突行为将会在这一时期产生效果，对于企业来说，其冲突效果可能是积极的，也可能是消极的。对于高层管理人员来说，他们通常也会静观冲突的最终结果，然而也不乏冲突过后离职的案例。

5. 按冲突效果进行划分

冲突的作用效果通常有两个结果——破坏性冲突（或称为消极性冲突、功能失调的冲突）与建设性冲突（或称为积极性冲突、功能正常的冲突）。Robbins 把这两类冲突分别称做功能正常的冲突和功能失调的冲突[30]。前者是传统冲突管理理念对冲突效果的认识，认为冲突往往与“敌对、斗争、对抗、矛盾、争吵、殴打”等场景联系在一起，当企业没能成功预防和控制高层管理团队的破坏性冲突时，冲突的负面影响将是巨大的。而建设性冲突能够促进企业高层管理团队绩效的提高，适当的有益的冲突，如认知冲突会使团队提高决策质量，激发创新与变革思路，增进团队成员之间的理解，保持旺盛的生命力，迎接外界新的挑战。

6. 按冲突的时间跨度进行划分

根据冲突过程的时间跨度，可将企业高层管理团队的冲突划分为瞬时冲突、持续冲突与间断冲突。有些冲突可能在出现的同时消亡，如某容忍性非常强的高层管理人员，当遇到团队内部不公平的事件发生时，可能这种不公平感在产生的同时被自身的忍耐力给排解到零感受；还有可能使团队内部"冲动型"的两方在引发冲突的同时"一拍两散"，且再不合作。持续冲突通常是指当团队内部"报复型与非豹子胆型"的两方对某事件而产生不满情绪时，这两方之间维持一种长期的、不间断的、持续的冲突，然而每次冲突的结果并不能导致其衰竭。当团队内部两方或多方每次遇到相似的问题时总会产生一种冲突，称为间断冲突。此处值得一提的是，这 3 种基于时间的冲突形式也可用来描述认知冲突的频率。

7. 按冲突的空间方向进行划分

依据企业高层管理团队内部结构的特征，并按照冲突的空间方向，可将企业高层管理团队的冲突分为垂直冲突与水平冲突。企业高层管理团队内部冲突结构如图 1－3 所示，水平虚线方向的实线箭头所示意的冲突关系为水平冲突，而非水平虚线方向的实线箭头所示意的冲突关系为垂直冲突。其中，CXOs 代表不同职务的首席官，如 CFO（首席财务官），CHO（人事总监），CIO（首席信息官），COO（首席营运官），CTO（首席技术官），CSO（销售总监）等。

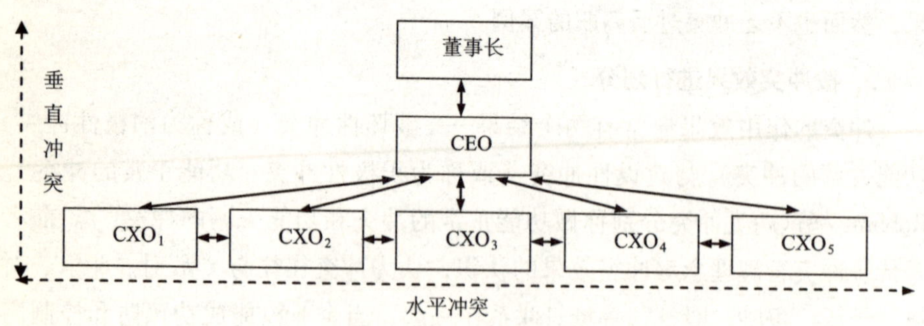

图 1－3 高层管理团队内部冲突结构示意图

将上述 7 种分类方法进行归纳，可构建一个较完整的企业高层管理团队冲突分类体系（表 1－4）。

表1-4　企业高层管理团队冲突分类体系

划分依据	冲突类型	特征描述
冲突主体	高层管理团队内部成员之间的冲突	个人—个人
	高层管理团队内部派系之间的冲突	派系—派系
	高层管理团队内部个人与团队之间的冲突	个人—团队
冲突先行条件	认知冲突（任务冲突、实质冲突）	与任务相关
	情绪冲突（关系冲突）	与任务无关
冲突动因	角色冲突	职能+职位
	信息冲突	信息失真
	利益冲突	机会主义
	文化冲突	新旧企业文化、跨文化
冲突过程	潜在冲突	冲突源聚集
	知觉冲突	认识、界定冲突
	意向冲突	决策冲突行为意向
	行为冲突	行为表现
	结果冲突	积极或消极
冲突效果	破坏性冲突（消极性冲突、功能失调的冲突）	降低团队绩效
	建设性冲突（积极性冲突、功能正常的冲突）	提高团队绩效
冲突的时间跨度	瞬时冲突	一触即发
	持续冲突	长期、不间断、持续
	间断冲突	间断、周期
冲突的空间方向	垂直冲突	董事长 VS. CEO；CEO VS. CXOs
	水平冲突	CXOx VS. CXOy

1.5　企业的高层管理团队的差异性

由于不同类型的企业在其制度、结构、文化、环境等特征值上存在一定的差异，因此会导致各类企业高层管理团队产生不同形式的冲突问题，带给企业家们更复杂、更深层次的思考。在我国，企业的法律形态因划分标准不同，其形式多种多样。如按企业组织形式划分，可分为公司制企业和非公司制企业；按股东承担清偿债务责任的不同划分，可分为无限责任公司、有限责任公司、两合公司、股份有限公司、股份两合公司5种类型；按企业在社会再生产过程中的不同职能划分，可分为工业企业、交通运输企业、建筑企业、商业贸易企业、金融企业、科技咨询企业等；按企业所有权划分，又可分为国有企业、民营企业和合资企业。本书仅针对最后一种分类方式的企业，对其高层管理团队冲突的特征、根源、过程、结果与后果进行研究，试图寻找各类企业高层管理团队冲突模式的区别。

1. 国有企业高层管理团队的冲突分析

（1）国有企业高层管理团队的“官僚”特征。

国有企业高层管理团队的部分成员通常是那些受政府相关部门（如国资委）委托管理国有资产（如国有企业）的人员，这些派入企业的高管们个人并未对企业进行投资，且大部分来自政府官员，因此并不能保证其中所有的高管都能为了国家利益而尽职尽责。少数从“官场”到“商场”的高管们把企业装进了“官僚”气囊，致使国有企业管理层形成“官僚”式思维方式和诸如“搭便车”、“寻租”等短期管理行为，以致给企业、给国家、给社会带来损失。而在某些情况下，一些高层管理团队的其他成员有些是由这些被委任的高管们所安排的亲信，这种人事制度可能会在企业内部出现不和谐的局面。

（2）国有企业高层管理团队冲突的根源与过程。

受国家资产管理局委托的国有资产经营公司，代替国有企业真正资产所有者全体公民，对国有企业进行投资的“多重委托—代理链”导致国有企业无法建立完善的责、权、利约束激励机制，这是国有企业高层管理团队冲突问题的根源。在缺乏不兼容约束激励机制的国有企业里，作为理性经济人的厂长、董事长、总经理等高层管理团队成员在面对个人职务要求与个人权力寻租之间的冲突时，将发生因个人层面的角色冲突从而引发群体层面的利益冲突。在两个或两个以上高层管理人员极度利用剩余索取权与控制权来侵吞企业有限资源以达成自身利益最大化目标的同时，多个利益体之间的冲突随之而生，其过程可能是由信息获取到彼此猜疑，严重时会发展到寻找证据以图报复，其冲突各方的势力也因亲信的不断加入而增强。

（3）国有企业高层管理团队冲突的结果与后果。

一些国有企业的高层管理人员，在一轮轮的利益冲突风波过后，结果往往使得这些曾经处于同一冲突元胞的利益体在以后的管理工作中彼此不协作或不买账，从而降低企业绩效，给企业带来风险；同时，冲突结果的无声无息还会导致国有企业高层管理团队内部的腐败渎职等道德风险被掩盖和隐藏，给国家带来更大的损失。

2. 民营企业高层管理团队的冲突分析

（1）民营企业高层管理团队的“泛家族”特征。

从TCL吴士宏、北大方正李汉生、创维集团陆强华等人的高层震荡案例来审视现代民营企业高层管理团队的冲突问题，发现“职业化管理”方式与“泛家族管理”方式的不协调成为制约民营企业家与职业经理人合作关系的重要因素。在泛家族管理模式下，企业股权结构及企业经营权与所有权高度集中在创业元老或家族成员（后文简称为“泛家族成员”）手中，企业的董事长一般由他们中某个威信较高的成员担当，且大部分董事长同时兼做总经理，其素质、知识、能力不一定很高；企业内部各项规章制度随意性非常大，人情、关系大于制度；其企业文化大多也是以泛家族核心成员的意志为核心，这些“泛家族”的管理特征与职业化管理的要求是不一样的，由此引发了两类民营企业高层团队内部的冲突方式，分别是泛家族成员关于“权杖传递”的冲突问题和泛家族成员与职业经理人之间的利益冲突问题。

（2）民营企业高层管理团队冲突的根源与过程。

泛家族成员关于“权杖传递”的冲突表现形式主要有父子反目、兄弟叛变、兄妹之争、家庭分裂等，其冲突的根源在家族各成员对权力再分配过程中的野心大小。虽然民营企业泛家族成员内部存在一份游戏潜规则，但是即便面临着众叛亲离的下场，仍旧有一些家族成员冒着以身试法的危险试图改变这一权力分配规则，其冲突过程曲线类似锐角Λ形图。

而处于泛家族以外的职业经理人与泛家族之间的利益冲突主要来源于泛家族利益与非泛家族利益之间的冲突。在民营企业成长过程中，职业经理团或多或少会触及泛家族成员们的诸多利益，来自泛家族的成员们常常采取阳奉阴违或根本不予执行的态度对待职业经理团的决策，冲突事件因此而生且不断循环下去，其冲突过程曲线类似正弦曲线式延伸。

（3）民营企业高层管理团队冲突的结果与后果。

泛家族内部的冲突始于权力的再次分配，也亡于权力的四分五裂，最终导致民营企业的衰退与灭亡；而泛家族与非泛家族成员之间的冲突往往以解雇职业经理人或由职业经理人提出辞职的方式结束，给企业带来了众多持续性的负面影响。由于民营企业对职业经理人的晋升制度存在“暗箱封顶”规则，所以即便是非常优秀的经理人在做到某一职位后也无法晋升了，“任人唯亲而不为贤”的人事制度促使职业经理人只注重眼前利益，容易引发对企业发展不利的短视行为、职业寻租、逆向选择、在职消费、道德风险等。

3. 合资企业高层管理团队的冲突分析

（1）合资企业高层管理团队的“文化差异”特征。

一项调查研究表明：大约有30%～40%的跨国合资企业是不成功的。据了解，中外合资企业管理的成功率也只有45%左右[31]，大部分的失败案例表明，“文化差异”是合资各方不可逾越的障碍。对于合资企业各投资方委派的高层管理人员来说，因受到不同国家、不同民族文化的影响，使其在战略的制定与执行过程中存在多种多样的矛盾。从企业外部文化来说，各高层管理者必须遵照东道国的法律、法规进行生产经营；从企业内部文化来说，高层管理者习惯于不同的管理方法和技巧，甚至使用不同的语言、有着不同的宗教信仰。高层管理团队内部如何进行有效的沟通、协调和管理，直接影响着企业的前途和命运。

（2）合资企业高层管理团队冲突的根源与过程分析。

文化差异是导致合资企业高层管理团队冲突的首要根源。其冲突的表现形式及其过程主要有以下3个方面：第一，价值观的差异所导致的观念冲突。如对待风险的态度差异，中国企业家一般缺乏冒险精神与风险意识，决策方式唯唯诺诺、不果断；而西方企业家则相反，他们敢于创新、敢于探索，因此合资企业的高层决策会议往往因意见不统一导致很多企划案无法通过。随着合资各方对此类问题进行调解，类似的冲突会以减少的趋势螺旋式地下降。第二，工作方式的差异所导致的情绪冲突。如中国经理人多数以上级文件或领导的指示为依据展开管理工作；而西方经理人则在自己的职责范围内遵循工作任务的自然顺序灵活地处理，两者之间遇到具体任务的执行时会产生争执与矛盾，这样的冲突经过长期磨合后各方高管人员能够逐渐化解矛盾并达成彼此共识。第三，文化分群所导致的派系冲突。来自多国部队的企业高管们因各国文化的差异，容易形成针对各国利益、资源分配等方面的以国家为分水岭的多维冲突，这类冲突比民营企业高层管理团队的冲突问题来得更为复杂且持续更久。

（3）合资企业高层管理团队冲突的结果与后果分析。

文化差异所带来的合资企业高层管理团队冲突问题最终可能有两个结果：一是通过合资企业各方的努力，如进行文化交流与培训、组建文化冲突专家协调小组等方式，可能将冲突水平降到最低，最终消灭破坏性冲突，形成合资企业高层和谐管理团队；另一种是在未采取有效控制冲突风险手段的管理模式下，冲突事件愈演愈烈，直至合资各方逐一抽资返国、合资企业分裂告终的结局，此结果不仅使合作各方耗资耗力，而且对各国的继续合作产生极坏的影响。

综上所述，国有企业、民营企业和合资企业高层管理团队的特点及冲突根源、过程、结果与后果可归纳于表1－5中。这里仅以我国企业所有权作为企业类型的划分标准。

表1－5 国有企业、民营企业和合资企业高层管理团队的冲突分析对照表

<table>
<tr><th>企业类型
冲突分析</th><th>国有企业</th><th colspan="2">民营企业</th><th colspan="3">合资企业</th></tr>
<tr><td rowspan="2">特 征</td><td rowspan="2">官僚作风</td><td colspan="2">泛文化管理</td><td colspan="3" rowspan="2">文化差异</td></tr>
<tr><td>泛家族内冲突</td><td>泛家族与非泛家族间的冲突</td></tr>
<tr><td>冲突根源</td><td>不兼容的约束激励机制</td><td>权力的再分配</td><td>泛家族利益与非泛家族利益冲突</td><td>价值观差异</td><td>工作方式差异</td><td>文化分群</td></tr>
<tr><td>冲突过程</td><td>冲突水平总趋势逐渐上升</td><td>锐角Λ形图</td><td>正弦曲线式延伸</td><td>水平螺旋状向下发展</td><td>冲突水平总趋势逐渐下降</td><td>水平螺旋状向上延伸</td></tr>
<tr><td>冲突结果</td><td>冲突的无声息结束</td><td>权力的四分五裂</td><td>经理人被解雇或辞职</td><td>和谐共处</td><td>和谐共处</td><td>合资公司分裂</td></tr>
<tr><td>冲突后果</td><td>企业、国家损失惨重</td><td>企业衰亡</td><td>众多持续的负面影响</td><td>形成高层和谐管理团队</td><td>形成高层和谐管理团队</td><td>内耗严重、国际形象受损</td></tr>
</table>

注：本表主要论述各类型企业最为突出的冲突特征，并由此特征所导致的冲突后果。

第2章　企业高层管理团队冲突的多视角分析

2.1　企业高层管理团队冲突的社会学视角及社会摩擦模型

关于冲突研究的社会学背景由来已久[32]。一般认为，马克思（K. Marx）是最早从社会学角度研究冲突的代表性人物。按照马克思的理解，“经济组织决定所有其他社会组织；每个经济组织里都含有经济冲突的成分”。马克思认为，资源分配的不平等是产生利益冲突的固有因素；当被统治群体意识到其在资源再分配中的利益劣势并寻求减少其不公平待遇时，他们将对社会的稳定带来潜在的威胁和冲击。

韦伯（Weber，Max）进一步发展了冲突理论。他把领袖类型分为“魅力型”、“传统型”和“法理型”3种，如图2-1所示，同时认为，冲突主要与魅力型领袖有关。魅力型领袖具有对社会成员的召唤性与动员性，会在其周围聚集一个群体，从而蓄积冲突的能量。引申到一个企业的高层管理团队，其冲突往往不单纯是个人与个人之间的个体冲突。个体冲突有时会有群体背景，会有背后支持者，因此，高层管理团队的冲突有时看起来是高层管理人员之间的个人冲突，实际上每一个冲突方都有其中层或基层的支持者。即使是有些原生态为个人冲突的高层管理团队冲突，也会陆续有中下层人员加入。而这种冲突的群体背景往往与冲突个体的召唤力、影响力有关。魅力型高管人员由于具有很强的召唤力，会聚集足够多的中下层人员，导致具备冲突显现化的条件，并可能具备冲突不断升级的条件。

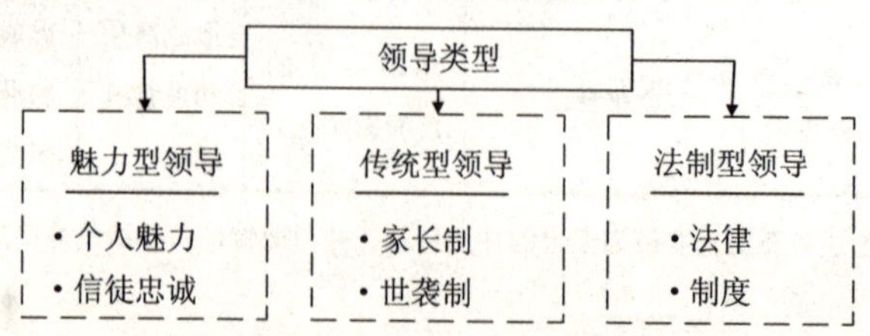

图2-1　社会学家韦伯提出的领袖类型

社会学家齐美尔（Simmel，Georg）认为冲突具有积极的后果，冲突可以提高团结和整合的水平，同时其产生的社会与组织震荡并不十分强烈。齐美尔认为，当冲突的派别间增加了感情的投入，或冲突派别的成员将冲突本身置于个人利益之上并置所有利益（他人利益甚至自身利益）时，将会触及成员的基本价值观，从而可能使冲突的暴力和破坏程度升级。他还认为，如果冲突是出于工具性目的，即成员将冲突本身视为明确的目标手段，则冲突的暴力水平将会整体下降。一般地，冲突会带来一些对社会整合有利的效果，如明确群体界限；集中权力和权威；降低对越轨行为的容忍度；提高群体内部成员的团结程度，等等。因此，高层管理团队中必要的、良性的冲突是有益的，积极的高层管理团队冲突可以实现责任、权力与利益结构的优化与调整，以改善组织系统、完善决策机制、改进业务流程；同时也会有利于提高组织活力、创造力与绩效。

柯林斯（Collins，Randall）沿用了马克思的理论传统，强调不平等会不可避免地导致冲突发生。他在其代表性著作《冲突社会学》中提出了建立冲突社会理论的过程，如图2-2所示，具体包括：考察人们之间的相互关系并评估其现状；分析个体之间互动关系所基于的物质条件；分析互动产生和互动发展过程中所运用的资源以及所得到的资源；检验资源在冲突中是否具有决定性，即在人们的互动过程中，拥有资源的一方会试图运用其资源获取利益，而没有资源的一方会寻求在资源匮乏之下的最优解决办法。一般认为，人们互动时的冲突是由于资源、价值观等因素所致，而柯林斯则推测，资源以外的意义、文化、仪式以及互动的频率或是姿态等因素可能会引发冲突。柯林斯提出了以下命题：个体之间，尤其是平等的个体之间交谈和沟通越多，越有可能出现共识，而弱化甚至化解冲突。因此，按照柯林斯的理论，具体到企业高层管理团队，文化和沟通是冲突的重要影响因子，特别是建立正式的和非正式的沟通机制，对化解企业高层管理团队冲突会有重要的意义。

美国社会学家科塞（Lewis A. Coser）是社会冲突理论中的重要代表人物。按照科塞的理论，冲突的功能可以分为正功能和反功能。冲突的功能是正功能还是反功能，取决于冲突问题及其社会结构。就冲突的问题而言，若冲突问题的类型不涉及冲突双方的基础，冲突就具有积极的功能；而倘若冲突涉及核心价值，便具有消极的功能。就冲突产生的社会结构而言，冲突的正功

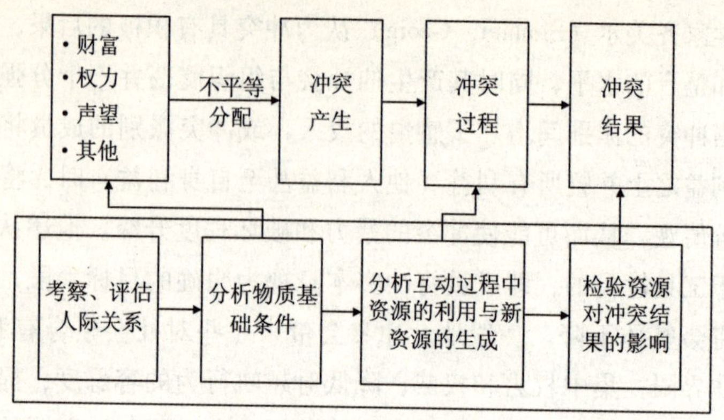

图 2-2　柯林斯的“冲突社会理论”研究框架图

能或反功能与社会结构相关，即在结构松散的开放性社会中，非实质性的社会冲突具有正功能；反之，在封闭的社会结构中，如果没有或只有不充分的对冲突的容忍或制度化，则冲突将会具有反功能。科塞在其《社会冲突的功能》一书中给冲突定义为：冲突是价值观、信仰以及稀少的地位、权力和资源分配上的斗争，其中一方的目的是企图中和、伤害或消除另一方。这一概念界定涉及 3 个层面，其类型也可以按照冲突的目标性、冲突各方的关系程度及冲突各方的参与程度分为 3 种类型，如图 2-3 所示。其一是指不涉及冲突双方关系的基础，不涉及冲突核心价值的对抗；其二是指社会系统内不同部分（如社会集团、社区、政党）之间的对抗，而不是指社会系统本身的基本矛盾，不是革命性的变革；其三是制度化了的对抗，但也属于社会系统可容忍的对抗。其中，社会冲突的所谓物质性的原因，是指权力、地位和资源分配方面的不均；这种不均会导致失望，从而成为冲突的根源。例如，在企业高层管理团队中，关于公司战略发展方向、关于公司预算、关于公司人力资源发展等方面的冲突，属于科塞所指的第一层面的冲突。家族企业中的家族成员与非家族成员这两大群体之间的冲突，只要其不涉及公司生存与发展，便属于科塞的第二层面的冲突。对于企业在股权结构、治理结构上的变动所导致的冲突，则属于科塞第三层面的冲突。因此，科塞实际上把冲突的内涵限制在一个不太宽的范畴之内，即主要指积极的冲突，并没有涉及革命性的或破坏性的冲突。

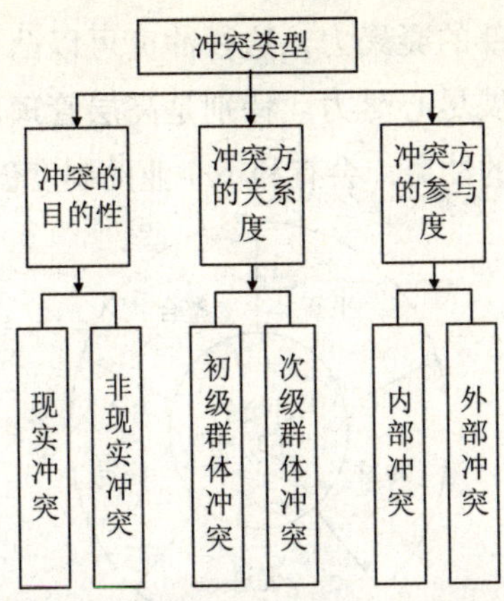

图2-3 科塞提出的3种冲突类型

按照科塞的理解，具有正功能的积极冲突，其“正”的功能如图2-4所示。(1) 内部整合功能。冲突有利于建立和维持社会或群体身份和边界线。冲突可以促进一个群体内部的团结，同时，一个群体的内部团结和整合程度随着对外群体的敌视和冲突程度的增加而增强。(2) 稳定功能。科塞认为："冲突可能有助于消除某种关系中的分裂因素并重建统一。"在冲突能消除敌对者之间紧张关系的范围内，冲突具有安定的功能，并成为各方面关系的整合因素。但是，并非所有的冲突都对群体关系产生积极功能，一般只有那些目标、价值观念、利益及相互关系赖以建立的基本条件不相矛盾的冲突才有积极功能。结构松散群体和开放社会由于允许冲突存在，这样就对那种危及基本意见一致的冲突形成保护层，从而把产生有核心价值观念的分歧的危险减少到最小程度。对立群体的相互依赖和这种社会内部冲突的交叉，有助于通过相互抵消而“把社会体系缝合起来，这样就阻止了沿着一条主要分裂线的崩溃”。(3) 对新社会与群体形成的促进功能。冲突可能导致先前毫无联系的双方之间的联合和联盟的产生，并可能使孤立的个体形成一个联合体。(4) 对制度创新的激发功能。即冲突会对新规范和新制度的产生和建立具有激发的作用，按照科塞的说法，“作为规范改进和形成的激发器，冲突使与已经变化了的社会条件相对应的社会关系的调整成为可能”。(5) 平衡功能。冲突具有的平衡机制有助于社会的维持和巩固。(6) 社会安全阀。冲突的“社会安全阀”功能类似于锅炉的“安全阀”，其功能是促使猛烈的蒸汽不断排泄出去，从而不至于破坏整个结构。对于企业高层管理团队而言，恰当的良性冲突，可以提高企业内部的凝聚力，这种冲突可以凸显高管人员的主人翁身份，以至于其为企业发展尽心尽力。特别是高层管理团队是企业制度创新的主体，其良性的、积极的冲突，会有利于企业的制度创新与优化。

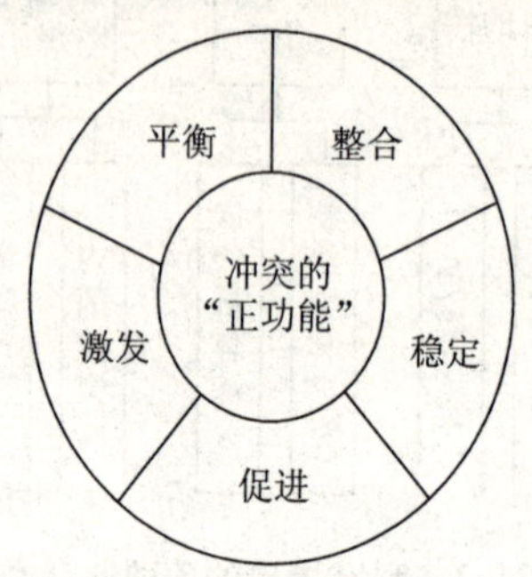

图2-4 科塞提出的冲突的"正功能"

社会学家 Ralf Dahrendorf 提出，统治地位与服从地位的结合就是权威结构。其理论对分析高层管理团队不同层级人员之间的冲突（如董事长—总经理、总经理—副总经理）有重要的参考意义。这种等级性的权威结构一方面会提高企业管理的效率，但另一方面企业高层管理团队分为不同的利益团体，如股东和经理层，这两个利益团体的目标是不一样的。股东往往把企业看成是"我们"的企业，而经理则只是把自己看成是一个高级打工者。股东关心企业的利润和股东权益的增长，而经理往往关心短期目标，关心自己的待遇及个人职业生涯的发展。为此，学者青平[33]提出了以下公式：

冲突的破坏程度 = 冲突的紧张程度 × 冲突的激烈程度

其中，冲突的紧张程度是指个人或团体在冲突中投入精力与时间的程度以及卷入冲突的程度；而冲突的激烈程度则是冲突过程中人们使用的方式和手段。做简单的假设：冲突的紧张程度函数 $f(x)$ 与冲突的激烈程度函数 $g(x)$ 都为冲突影响因子 x 的一次函数，则冲突的破坏程度为：

$$y = f(x) \times g(x)$$

青平进一步认为，企业权威结构中潜在利益发展为外显利益需满足 3 个条件：组织条件、技术条件与环境条件。就企业高层管理团队冲突而言，冲突的组织条件是：需有少数高管人员最先意识到这一阶层的潜在利益，并有能力和积极性把相同潜在利益的人组织起来。例如，一个经济效益相当好、但经理人员工资待遇相对低的企业，其经理人员提升自身收入的潜在机会是存在的，当董事会并无意提高经理人员工资待遇的情况下，冲突的可能性也就客观存在。如果某个高级经理意识到了这种潜在利益，加以沟通、启发和动员，则经理层便由于有共同的潜在利益而会聚集起来与董事会发生冲突。技术条件则是指最先发现潜在利益的高级经理是否有计划、有方法、有能力说服其他成员聚集在一起与董事会进行协商并做好可能会发生冲突的应对。环境条件即企业是否允许经理们为可能发生的冲突进行宣传、沟通与协商。如果董事会很强势，而经理人员面临的经理人市场非常严峻，那么，经理人为潜在利益而与董事会发展冲突的环境条件就比较欠缺。

我国学者李琼[34]提出了边界冲突的概念。按照其观点，边界既是区分各社会主体之间的一定界线，又是它们相互作用的重要中介环节，是一定时期内各社会主体交互作用过程中所体现出来的活动范围和领域。只有在社会各组成要素不断相互作用的条件下，社会系统才有可能形成其一定的自组织演化过程，进而调整其结构、发挥其功能。因此边界也突出地体现着各社会主体的复杂性特征，以及社会系统与环境间关系的复杂性特征。她还认为，边界具有差异性、变动性、互动性和对抗性。边界冲突可以分为以下 3 种类型，如图2－5所示。类型一：组织边界冲突。组织边界是指系统在与其外界环境相互作用中，组织自我调整、控制范围的一定限度；每一冲突群体都拥有和其他系统相区别的组织边界，由边界区隔的不同子系统之间发生的冲突即组织边界冲突。类型二：功能边界冲突。正功能与负功能之间或显功能与潜功能之间存有一道“边界线”，一旦越出此范围，整个群体性质就会产生变化。在一定前提下，“越界”可以说是导致社会冲突的深层原因之一。类型三：制度边界冲突。任何组织系统都存在制度空间和制度边界，越过制度边界的行为可能会导致制度边界冲突。就企业高层管理团队而言，如果企业有严密的规章制度，而高管人员又严格按照规章制度行事，则发生冲突的概率就很小。但如果有成员破坏了制度或越过了制度边界，便会有人来制止，或者有人来保护自己的制度权利不受侵犯，或者有人加以仿效，便会导致冲突的发生。

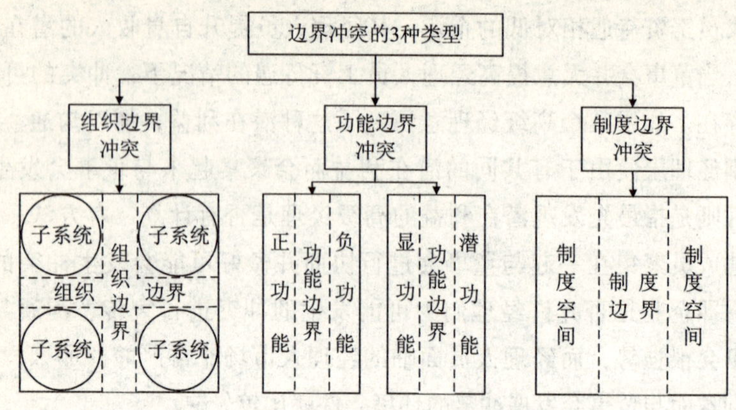

图 2-5　边界冲突的分类图

这里，提出一个所谓的社会摩擦模型（图 2-6）。从社会学角度来看，边界摩擦主要表现为：（1）信息摩擦。冲突缘于差异与信息沟通不畅。其中的差异包括信息差异、价值差异、目标差异、判断差异等。而信息沟通不畅会加剧这些差异，并可能会导致误解，进而引致冲突。信息差异是指群体成员在知识基础和观点方面的不同，是成员个人所受教育、经验、个人技能的函数。信息差异一般导致任务冲突与过程冲突，但有时可以有助于改进组织绩效。(2）观念/利益摩擦。建设性冲突与破坏性冲突在企业高层管理团队中会经常出现，而且两者可以相互转化。（3）变动摩擦。清晰的制度、规定以及责权的分配有助于减少冲突，但如果高层管理团队成员中有人破坏这些制度与规定，以及试图改变既定的责权分配，便可能导致冲突。

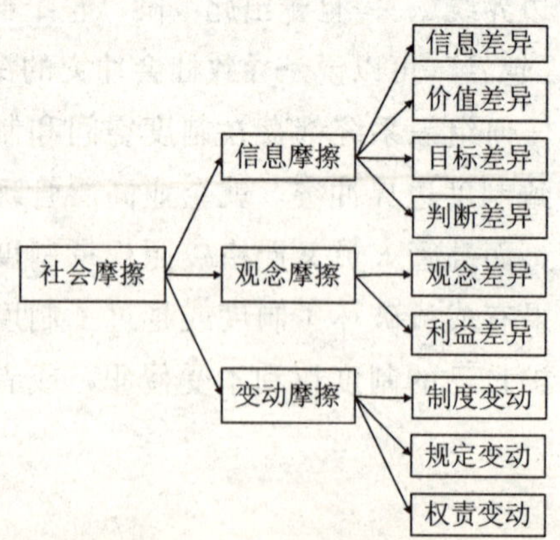

图 2-6　社会摩擦模型

2.2 企业高层管理团队冲突的组织生态学视角及群落原理

早在达尔文（Charles Robert Darwin）发表《物种起源》开始，关于自然界有机体之间形成的食物链、捕食、逃生、求偶及繁殖等行为已成为生态学所研究的内容。Haeckel 早在 1869 年就将生态学定义为研究生物有机体与其周围环境（包括生物环境和非生物环境）相互关系的科学。随着各国学者对生态学的不断研究，其内涵和外延都得以很大的发展，生态学的很多理论，诸如生态场理论、生态位理论、生态演化理论等，已扩展并渗透到人类的社会经济活动研究方法中。

组织生态学理论起源于 1977 年 Hannan 和 Freeman[35] 发表的论文《组织种群生态学》，是从社会学中演化而来的一种新的组织理论，主要运用生态学中的概念、理论、模型和方法对组织的各大要素（资源、成员、制度、文化等）及组织所处的环境影响因素进行相关分析的研究理论。此后，他们合著了《组织生态学》，该书对早期组织生态学的理论、方法和研究成果进行了系统归纳。同一时期，国外学者 Carroll[36]、Singh[37]、Baum[38] 等先后对组织生态学的内涵、组织演化过程、组织生态模型等进行了理论分析与实证研究。同时，Hannan[39]、Barnett & Amburgey[40]、Baum & Oliver[41] 等运用密度依赖理论研究了组织群落的规模问题和环境非优定律；Hannan & Carroll[42]、Freeman[43]、Meyer & Zucker[44] 对组织的成立、多样化发展、衰弱及死亡过程进行了分析。

根据生态学提出的竞争、共生、食物链三大基本关系可以发现，在人类组织中，仍然存在竞争、协作、制衡的关系。比较自然界生态圈和组织生态圈的构成可发现两者之间具有诸多的相似性，如图 2-7（a）与图 2-7（b）所示。自然界的栖息、捕食、逃生、求偶、繁殖的各项活动与组织内部竞争、冲突、回避、认同、协作的过程极为相似，均存在相互对应的关系和特征；同时，生态圈外围的大气圈、岩石圈与水圈与组织所处的文化环境、制度环境以及组织的结构均具有平衡生态圈作用，一旦失去平衡，则整个生态圈会出现混乱，甚至死亡的状态。随着生态学的发展，组织生态学家们选取人类组织作为新的研究对象，从人类组织各单元内部递进到组织本身，再由组织种群延伸到组织群落，最终扩展到整个组织生态系统。

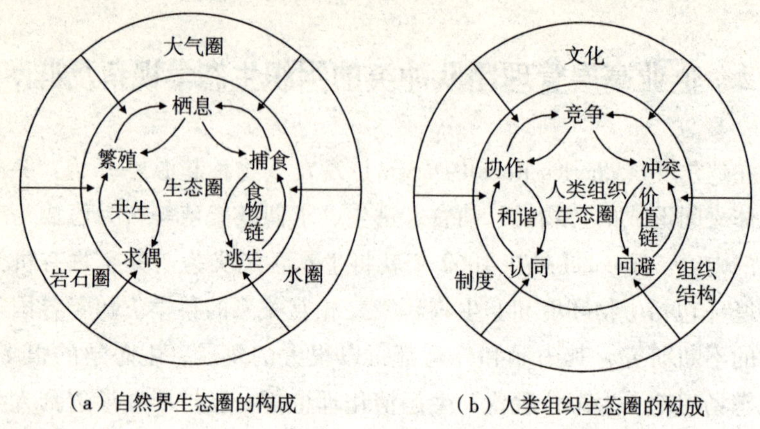

（a）自然界生态圈的构成　　（b）人类组织生态圈的构成

图 2－7　自然界生态圈和组织生态圈的构成

1985 年，美籍华裔科学家 Wu et al.[45] 首次提出了生态场这一概念，后来的学者将其定义为生物生命活动所引起的、有关生态因子空间分布的不均匀性，并由此产生的综合生态效应的空间分布。

我国生态学家马世骏[46] 认为生态场理论对解决生物与环境之间的相互作用问题具有非常重要的作用。结合组织生态理论和组织行为学的相关理论，下文将运用生态场理论分析企业高层管理团队的冲突问题。

企业高层管理团队作为一个企业的内部组织，一个组织生态场，其构成的要素为：不同角色和专业背景的且有主观意识的企业高层管理人员、来自团队内部和外部的真伪信息、团队内部相互作用不可逆的时间以及团队所处企业的生态环境等。这些要素随时间的改变在团队内部进行着多种方式的物质、信息与能量的交换而形成不断演变的结构状态，即为企业高层管理团队生态场。

企业高层管理团队生态场是一个随时间、环境的变化而变化的复合场，由情感场、认知场、文化场和环境场 4 个子场构成。在企业高层管理团队发生冲突的过程中，情感受当时冲突情境推拉张力的作用不断对象化而表现为定向行为，可在团队成员之间产生情感传递性感染，而冲突主体的认知、经验、价值观等都退居其次；企业高层管理团队的认知场是通过收集、整理、加工大量信息并与原有储存的知识系统产生冲撞过程中生成的新的认知图像，这种认知冲突是企业创新能力生成的源泉；企业组织文化侧重于工作氛围或树立企业组织外部形象的手段，如果企业高层管理团队的价值观被每名成员所真诚接受，那么团队就会自觉排除干扰信息，产生文化共振；反之，当企业高层管理团队成员的价值观相异时，内部文化利益将会发生冲突，导致企业组织行为的混乱和无序，产生组织内耗；在企业高层管理团队的互动过程中，形成冲突行为动力和方向的引力中心和行为张力即为环境场，它将影响冲突行为的运行方向、作用力强度以及作用的区域。

可以认为：企业高层管理团队是一定企业环境中总生命网的一部分，与其他工作团队构成一个多级生物层状的亚生态层，可称其为企业高层管理群落。在这个总生命网中引进企业文化的因素，在多级生物层上建立起一个文化层。两个层次之间交互作用、交互影响，它们之间存在一种共生关系。这种共生关系不仅影响各层级工作团队的生存和发展，而且也影响文化的产生和形成，并发展为不同的文化类型和文化模式。在一个充满良性冲突氛围的企业组织文化生态中，企业高层管理团队内部的信息沟通速度更快、更有效，决策越果断，凝聚力越强，创新思维越活跃；相反，在一个提倡和睦、抑制冲突的企业组织文化生态中，企业高层管理团队成员的新思维、新想法受到保守文化氛围的影响，从而使得很多新思路没有付诸实施而失去市场机会，给企业带来经济损失。

组织文化生态除了研究企业文化对于企业外部环境的适应外，更主要的是研究影响企业文化发展的各种复杂变量间的关系，特别是科学技术、经济体制、社会组织及社会价值观念对人的影响，而高层管理团队掌握着企业技术、法律制度、战略方案、管理方法等企业内部核心信息。因此研究高层管理团队内部的某些相关变量与企业文化生态的关系也是一个崭新的研究领域（图2－8）。

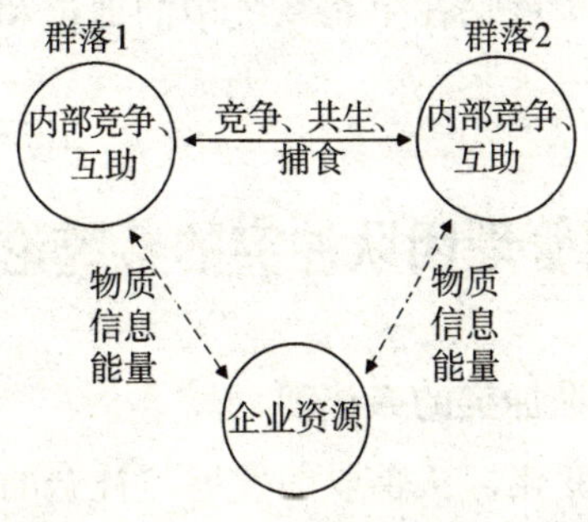

图2－8　群落模型

比较生物群落的概念：由多种生物种群组成的集合体，但这种集合体并不是各种种群的简单加总，而是通过种内斗争或互助，种间竞争、共生、捕食等关系进行种内和种间的信息交流、能量传递、物质循环从而建立起来的有机整体。企业高层管理群落也具备类似的共性，主要表现在：（1）无论是生物群落还是高层管理群落都是在一定的地理空间上形成的，空间上的相对集中是两者产生的必要条件，但并非充分条件，因为除此之外，还受到其他因素的影响；（2）生物群落和高层管理群落的组成成员之间必须发生经常性的关系，这种关系是构成两者的基础。为了分享“溢出效应”带来的好处，使得生物群落或高层管理群落聚集在某一地理区域，然而，因为高层管理群落中某些成员的野心和不满足使得最终造成一定程度的冲突，而导致组织资源的“短缺”，产生“拥挤效应”，影响企业高层管理群落自身的发展。当然，企业高层管理群落与生物群落之间也存在很多差异，例如，企业高层管理群落中的成员在决定进入或退出某一企业的高层管理群落时具有很大的能动性，但是生物群落却不同，它们因长期演化的结果，更多地受到先天因素的影响而成为生物群落的一员，因此在选择进入或退出群落时能动性非常差。

企业高层管理群落内部成员之间存在一种竞争的生态关系。在一个特定的企业生态系统中，由于高层管理群落可获得的企业资源（有形资源或无形资源）是有限的，因此，想要同时占有同种资源的高层管理成员必然会发生竞争性冲突。从生态学的角度来看，同处于企业领导阶层的高层管理成员之间的竞争性冲突更类似于生物的种间竞争。他们之间的冲突是一个动态博弈的过程，这种博弈有两种结果：一是企业资源逐渐被削弱和分刮，直至失去生存与发展的基础，最终从生态系统中消失；二是在竞争性冲突的过程中，企业资源范围不断得到扩展，在生态系统中的地位和作用不断得到加强，从而继续发展下去。

2.3 企业高层管理团队冲突的系统论视角及自组织原理

1. 企业高层管理团队冲突的系统观

从生命起源到宇宙变化，从企业的发展与社会的进步，自组织现象遍布整个地球人类生活中。自组织理论源于系统论，它是复杂自适应系统的内在规律，它是指某些无序的子系统无须外界指令而自行组织、自行创生、自行演化，并能自主地从无序走向有序的系统。钱学森[47]认为系统自己走向有序结构就可以称为系统自组织。

市场经济中的现代企业是一个独立的具有法人地位的经济实体，也是一个由目标、人力、物资设备（或物化资本）、资金、信息、知识等组成的有机的社会经济系统，它既是一个投入产出的技术转换系统，又是一个由各种各样契约组合而成的社会管理系统。这决定了它必然是一个多目标、多层次、开放的、动态的复杂系统。在开放并远离平衡态的条件下，企业通过与外界交换物质、信息与能量，如企业与经销商、供应商、竞争对手或其他合作伙伴之间，企业与外部公众组织之间都有着能量和信息的交换。通过这些交换，给企业系统引入负熵流，使得系统有序性的增加大于无序性的增加。在一定条件下，系统将完成从无序到有序的跃迁，自发形成一种新的稳定的有序的耗散结构。

从企业组织结构的视角将企业分为多个子系统，其中，企业高层管理团队作为企业最为核心的人力战略资源，既是动态的，又是不可预测的。因为团队里面的每一位高层管理人员都有自己的意志，都将自觉或不自觉地按自己的意志行事，所以企业高层管理团队整体表现出一种异常复杂的动态结果。同时团队内部的各种互动过程促使人性的认识由单一性向复杂性的回归决定了企业高层管理团队是一类复杂系统。企业高层管理团队系统具有内在随机性、初值敏感性等特征，因此也是自组织系统。

企业高层管理团队是一支拥有专业知识结构互补的精英团队，是与企业内部其他组织部门发生关系的开放的社会系统。作为企业系统中的较高层管理子系统，企业高层管理团队子系统与企业的其他管理层子系统有千丝万缕的、动态的联系，并对其他层次子系统具有支配力，如图2-9所示。综上可发现，在企业大系统内部，吸收能量最多的子系统（序参量）就是高层管理团队子系统。从结构上来看，高层管理团队行使三会的决议，负责企业的日常经营管理活动，并与各具体业务部门保持着紧密的联系。根据现代系统理论，系统自组织的方向取决于吸收能量最多的子系统，加之系统自组织方向有很大的随机性，一旦吸收能量最多的子系统选择了某个方向，哪怕只发生了细微的变化，则整个系统都将被锁固，很难更改。因此，发生在高层管理团队的小事件也非常有可能通过现代企业内部的有机动态分层结构、非线性相互作用、信息反馈机制，而迅速放大、扩散，形成企业各层级团队内部的巨涨落，最终蝴蝶效应般地导致连锁反应。蝴蝶效应的科学内涵在于，它揭示了初始条件的细微差异受到系统的非线性反馈的不断放大和缩小，最终会导致巨大的差别，看似一些极微小的冲突事件却有可能造成团队内部的分崩离析。因此，企业高层管理团队的冲突问题直接关系到企业前途与命运发展，构建企业和谐高层管理团队是提高企业业绩的重要途径。

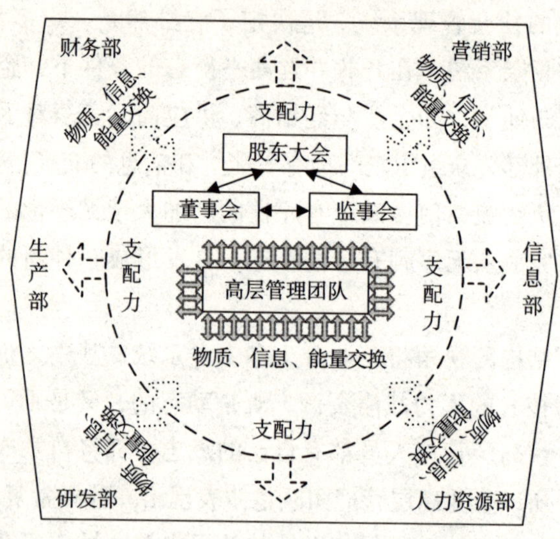

图 2－9　企业内部子系统间物质、信息、能量交换图（组织结构视角）

一般来说，企业组织关系都是非线性的。因此，存在于这些关系之中的企业高层管理团队冲突也具有非线性的特点。在企业系统内部，各个子系统都是远离平衡的，如组织层级之间、责任与权利之间、企业提供给高层管理者的物质诱因与成员为企业所做贡献之间等都存在不平衡。由于企业高层管理团队子系统的冲突是一个互动的动态过程，其冲突具有向其他子系统的传递性与波及性。

非线性的冲突所产生的相关效应会使经济系统产生自组织结构，从而使组织系统充满生机与活力，不断自我完善、自我发展。非线性冲突的另一个作用就是临界效应，冲突可以使组织系统在临界点上失稳、分化，形成新的组织结构，从而完成组织实质性变化的过程。

耗散结构理论认为非平衡是有序之源[48]。冲突为企业高层管理团队子系统远离平衡态提供了初始动力，而且当该子系统处于非平衡态或远离平衡态时，冲突又能驱使动荡中的企业高层管理团队子系统进入一种高度有序、稳定的平衡状态。因此，从冲突的积极方面来看，企业高层管理团队可以利用合适的冲突方式和力度来激发冲突所能带来的正向效应。当企业高层管理团队子系统内部正熵吸收过多，则冲突频率会加快、冲突程度会更加剧烈，当超过一定的临界值时，破坏性冲突比例增加，可能引起团队内部功能紊乱、团队成员间关系恶化、团队效率降低。此时，应适当地引入负熵流来增强团队的凝聚力和共识性。反之，企业高层管理团队内部需要适当引进一些冲突促发因子来增强团队成员的紧迫感、危机感、差距感，并使之转变为组织发展的动力。

企业高层管理团队的冲突还有可能产生突变，这些突变的影响变量可能引发团队内部其他变量的连锁反应。例如，不同的利益倾向和价值观的作用影响，使得高层管理人员的管理行为难以预测和控制，导致高层管理团队内部各利益群体因利益冲突而引发的意见不统一；又如，因专业结构不同所引起的高层管理团队内部认知冲突，可能给企业带来一系列更为有效的决策与执行；再如，因情绪冲突的积累引发的高层管理团队成员之间在工作场合相互谩骂甚至斗殴等。这些冲突事件的发生可能非常偶然或者随机，具有一定的突发性或不可预知性。一旦出现，就具有一种无法返回其起源形式的倾向，这种不可逆性可促使突变体直接形成一个新的系统。如团队解体、团队重组等。有时候，如果不能及时有效地处理这类冲突问题，可能给高层管理团队带来毁灭性的打击。

企业高层管理团队冲突是一种具有不确定性、不可逆性、非线性、突发性等特征，且偏离平衡态的耗散结构，它可能推动企业不断发展完善，也可能导致企业失稳、衰弱甚至灭亡。

2. 企业高层管理团队冲突的自组织原理

（1）企业高层管理团队自组织原理之一：涨落原理。

企业高层管理团队子系统内各成员及不同小团体之间冲突的非线性的相互作用会使得企业系统的其他子系统间的互动方式呈现持续的波动，从而形成涨落。企业高层管理团队的冲突有时是从潜至显、从微至著。小的冲突导致微涨落，微涨落通过相干作用而不断放大，形成涨落波链，最终导致巨涨落，如图2－10所示。巨涨落导致系统结构发生变化，产生“涌现”现象，使企业发展失去平衡，有时甚至带来毁灭性的损失、企业高层管理者应该保持团队内外协调稳定发展，避免大起大落。企业高层管理团队的涨落可能导致企业的组织结构变化和业务流程的变化。具体而言，良性冲突的微涨落，加上良性的相干作用，会导致企业组织结构和业务流程的优化；良性冲突的微涨落如果遇到恶性的相干作用，则会产生负面效果；恶性的微涨落和恶性的相干作用会使企业崩溃。良性冲突微涨落的条件为企业内部合理的政策、制度、文化等环境因素，以及企业高层管理团队的素质及团队意识培养与学习型组织的构建；良性相干作用的条件为清晰的产权制度、合理的分工安排、明确的组织结构以及有效的预警系统。在企业的经营发展中，冲突事件可能随时出现，企业高层管理团队成员要具备应对冲突事件的良好心理准备；冲突事件一旦发生，既是挑战又是机遇，高层管理团队应因势利导，采取有效行动迅速化解和合理利用冲突的积极方面。

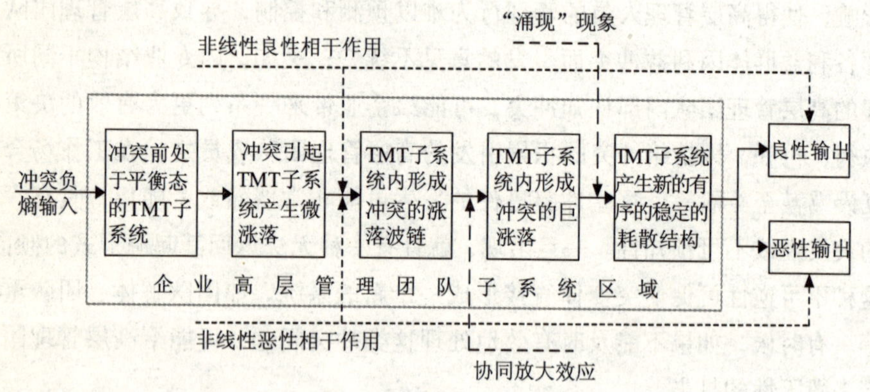

图2－10　企业高层管理团队冲突的涨落现象

（2）企业高层管理团队自组织原理之二：恰当原理。

混沌是指在确定性的系统中出现的类似随机性的行为过程，具有确定性、对系统初始条件的敏感性，具有混沌吸引子，是无序之中的有序。其中的确定性是指系统结构相对稳定，且各要素或子系统之间具有明确的内在关系。对于一个给定的初始状态，该系统能给出一个确定的解或过程。自组织理论趋向于走向混沌的边缘，有序耗散结构的形成一般都发生在随机与固定的边缘地带。混沌的边缘认为在系统处于随机与稳定并存之时，企业必须制定出变革性的战略来进行变革，以求得企业的持续发展。而在企业系统中的那些既具有发展前景，又具有不确定性的经营单位通常是混沌的边缘地带。由此可知，企业高层管理团队处于混沌的边缘地带。

在企业高层管理团队子系统内部，高层管理人员所采取的应对冲突的行为可能存在某些分岔参数，即冲突的发展方向也存在着分岔点，分岔点前后该系统会出现完全不同的状态。因此对于高层管理团队的领导者来说，找到并控制这些关键因子（分岔参数）是非常重要的一项任务，如高层管理者对待工作的态度、企业所给予的薪酬标准以及管理人员的职业生涯规划等。同时，企业高层管理团队冲突的程度和频率也应当有所控制，即要控制在恰当的程度以内。如果缺乏冲突，则系统创新活力不足；如果冲突过度，则系统缺乏稳定性。

假设企业高层管理团队 X 内只存在甲、乙两个冲突方，且团队内部的冲突程度为简单的线性叠加（实际情况下，团队冲突程度远高于团队内部的冲突程度的简单线性叠加）。通常，企业高层管理团队的冲突行为将受到系统内部4种力量的作用，分别为系统内力 I、人为力量 H、政策环境力 P 和不可控力 U，则冲突力度（程度）方程的表达式为：

$$C = f(I,H,P,H)$$

其中系统内力是指企业所在行业的经济规律和经济结构；人为力量是指高层管理者对待不同冲突的态度和行为；政策环境力是指企业内部的各种制度和政策；不可控力是指人力所无法预见和控制的外部随机力量。当复杂系统处于突变混沌过程中的时候，一些具有相当大规模的运动体就称奇怪吸引子，而系统内部的宏观运动最终总是围绕这些奇怪的因素运动。通常，一个复杂系统同时存在几个吸引子或吸引子域，因此，较难预测系统未来的状态。仅凭系统初始条件还不能清晰判断系统将进入哪一个吸引子之中，但是，如果已知系统的吸引子域，那么就可以通过改变初始条件使系统的运动进入预定的吸引子中。因此，当发生企业高层管理团队冲突时，可通过改变吸引子的状态空间位置或吸引子的类型来改变系统的终极状态。企业高层管理团队可以将冲突控制在恰当的程度内，使其在一定边界中安全运行，既保持了团队活力，又不会“出格”，达到了驾驭冲突混沌的目的。可以通过找到、控制和改变某些吸引子来将团队冲突的程度控制在最优范围内，如改变信息传递的时间，将乙方所获得信息的时间依次提前一个单位时间，则甲乙双方叠加后的冲突程度均处于最佳冲突度范围内。

（3）企业高层管理团队自组织原理之三：协同原理。

协同学中的协同是指在序参量支配下形成的子系统之间的协同运动[49]。

序参量是用来描述系统有序程度的度量，通过序参量对其他参量的支配，整个系统达到一种新的协同状态，同时，破坏原有的平衡并走向新的有序，形成持续的演化序列。从协同学的视角来看待企业高层管理团队冲突，就是指企业高层管理团队中存在的不协同、不匹配、不一致、不相干等现象。竞争与合作相统一的协同力已成为企业人力资源战略发展的必然趋势。将企业高层管理团队视为不稳定非线性的复杂系统，则系统内的小团体或个人即为多个子系统，子系统之间的协同效应可以产生自组织，这种效应使开放系统中大量子系统得以相互作用而产生整体效应或集体效应。有效的协同可引导良性冲突而产生有序，也可化解恶性冲突。从企业高层管理团队的冲突分析可以看出，企业的发展离不开企业内部各层管理人员的协同管理，而协同力是构建和谐管理团队的基础。

笔者结合企业的制度、文化及组织特征，可将协同力的来源分为制度协同、文化协同和组织协同，如图 2－11 所示。

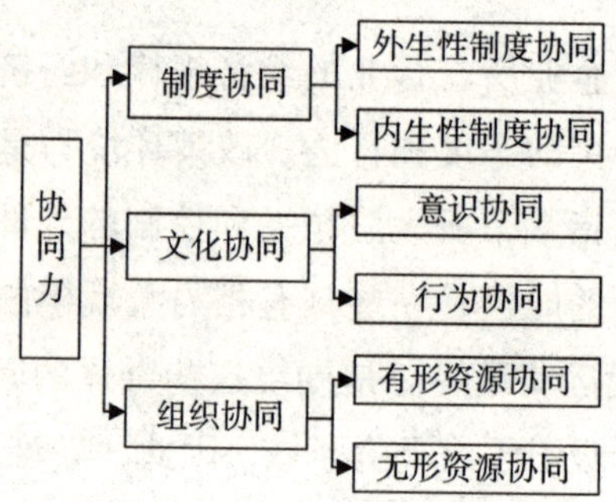

图 2－11　和谐团队协同力的构成

制度协同是通过制度设计和规章制度的完善来产生协同，可分为外生性制度协同和内生性制度协同，是一个帕累托改进过程。为了减少交易成本、获取更多利润，管理人员必须进行不同制度之间的相互协同，通过制度协同所获得的收益大于制度协同增加的成本，当新制度所能提供的边际收益等于旧制度运行所需付出的边际成本时，制度协同过程终止，制度结构就达到了某种均衡。

文化协同是通过企业文化来产生协同力，因企业文化是组织成员的共同的价值体系，在每个企业，会因企业的历史、领导者风格，企业的愿景和所提倡的共同价值观以及企业中员工个体的不同而不同。文化协同主要体现在它赋予了企业高层管理团队明确的战略方向，使高层管理团队系统的各子系统均围绕企业战略规划的方向运转，包括意识协同和行为协同。

组织协同是指通过组织管理、沟通等来形成协同。协同是一种管理工具，也是一种组织方式。从组织资源的形式可将组织协同分为有形资源协同和无形资源协同，例如，企业可以采用资源共享、降低成本的方式实现协同效应或通过知识共享或技术转让使业务单元获得更新、更好的运作方法。

第3章 企业高层管理团队冲突的机制

3.1 企业高层管理团队冲突的影响机制

3.1.1 企业高层管理团队冲突的影响因素

国外众多学者对企业高层管理团队冲突的影响因素进行了研究，笔者将有代表性的实证分析结论归纳于表3-1中。

表3-1 企业高层管理团队影响因素的实证研究

国外学者	实证数据来源	主要结论
Amason & Mooney[7]（1999）	44家中型国企高层管理团队	企业过往业绩与认知冲突无关； 企业过往业绩与情绪冲突负相关
Amason & Sapienza[6]（1997）	48家食品处理企业高层管理团队	团队规模与认知冲突正相关； 公开性与认知冲突正相关； 团队规模与情绪冲突正相关； 公开性、互利性与情绪冲突负相关
Eisenhardt, Kahwajy & Bourgeois[50]（1997）	12家高科技企业高层管理团队（定性分析）	年龄多样性与认知冲突正相关； 教育背景多样性与认知冲突正相关； 职位背景多样性与认知冲突正相关
Jehn & Mannix[51]（2001）	3所学校的51支MBA高管团队（准实验性现场测试）	价值观的一致性与认知冲突正相关； 价值观的一致性与情绪冲突负相关
Jehn, Chadwick & Thatcher[52]（1997）	2所学校的88支MBA高管团队（准实验性现场测试）	教育背景与认知冲突正相关； 价值观多样性与认知冲突负相关； 性别多样性与情绪冲突正相关； 价值观多样性与情绪冲突正相关； 年龄与国籍与认知冲突或情绪冲突无关

续表

国外学者	实证数据来源	主要结论
Jehn, Northcraft & Neale[9] (1999)	92家生活用品企业高层管理团队	职位背景多样性与认知冲突正相关； 教育背景多样性与认知冲突正相关； 性别多样性与情绪冲突正相关； 年龄多样性与情绪冲突正相关； 价值观多样性与认知冲突正相关； 价值观多样性与情绪冲突正相关
Knight et al.[53] (1999)	76家高科技企业高层管理团队	职位多样性与情绪冲突正相关

注：源于文献［6］,［7］,［9］,［51］~［53］, 作者归纳整理。

综上可以看出，不同学者的实证分析结果之间有共通性也有差异性，有的甚至得出相反的结论。一般地，本书把企业高层管理团队的影响因素分为三大类：个人层面的因素、团队层面的因素和混合因素。

个人层面的因素包括：年龄、教育背景、职业经历、任期、人格因素、价值观和权力感知。其中，值得重点加以说明的是：（1）人格因素。甘怡群等[54]在其编制的人格问卷中，提出了人际关系性人格因素概念，包含和谐、面子、人情和灵活性等，该问卷用来测量人际关系中互惠互利、重视人情世故和名分地位、遵守传统规范和避免冲突等特点。已有跨文化研究认为面子可以解释文化对冲突行为的影响，并有学者推论人际关系性人格因素对企业高层管理团队冲突的处理方式有影响和预测作用。（2）权力感知。权力是影响他人行为、改变事件过程、克服阻力，甚至是让他人去做他不愿意去做的事情的潜在能力[55]，是组织的一个基本要素。虽然多数人认为，为获取或维护权力而进行政治活动是一种肮脏的事情，但权力斗争依然是组织中不可避免的现象。感知的权力差异虽然是一个主观变量，却常常导致组织内部的政治斗争，是构成高层管理团队冲突的一个很重要的驱动要素。一般而言，权力感知差异度与关系冲突相联系。

团队层面的影响因素包括团队规模、薪资差异、信息差异、公开性、协同性、权力集中度、异质性和信任。其中：（1）薪资差异来源于公平感。公平是个人产出与投入之比与他人相等时的一种主观感受，主要是指公平分配的内容，不仅包括经济利益，还包括心理的、社会的等内容。回顾公平理论研究的文献发现，公平感是影响组织成员关系的一个非常重要的因素。企业给高层管理人员较为优厚的条件和待遇，不仅为了吸引高层管理人员，也希望借此给高层管理人员的激励，使其有足够的工作动力。但这种激励作用是一把双刃剑，对高层管理团队激励作用的方向是不同的。高层管理团队成员之间薪资差异越大，对高薪的高层管理人员的激励作用越大，但薪资差异越大，导致较低薪资的高层管理人员产生不公平感，不被信任的感觉，同时挫折感也增强，这种挫折感最终会引发冲突的产生。（2）权力集中度是指在企业战略决策问题上，决策的权力主要掌握在企业高层管理团队内部以总经理或者少数高层管理人员手中的程度。权力的集中度或分散程度明显地影响着企业高层管理人员之间的合作关系与决策过程中的互动行为。公司治理结构与高层政治背景是导致权力集中度的两个先决变量。Shen 和 Cannella[56] 对387 家国营企业进行的调研数据结果也说明了类似的结论。

至于混合因素，是个人层面因素和团队层面因素的综合，其中主要包括异质性、信任和凝聚力，这 3 个因素对企业高层管理团队冲突的影响将在后面分别予以论述。

3.1.2 异质性对企业高层管理团队冲突的影响

企业高层管理团队的异质性（Heterogeneity）是指企业高层管理团队成员的人口统计特征和团队结构特征的差异。具体而言是指，团队成员间具差异性的年龄、性格、职位、任职时间、教育背景、其他工作经历、社会经济背景等，以及团队内各群体间具差异性的权力等级、职位高低、责任大小等。高层管理团队的异质性可能给团队带来良性冲突，也可能带来恶性冲突，它是一把双刃剑。

根据对企业高层管理团队成员结构特征的理解，高层管理团队是一个具备不同专业、社会背景的拥有丰富社会资本与知识资本的，对技术、市场环境具有快速适应力与响应力的，可利用有限信息作出高效决策的异质性战略管理团队。企业高层管理团队成员从不同专业的角度收集、整理、提炼对待判断信息的多种解释和不同观点，增加了团队内部认知源的差异性。这种差异性在决策的过程中会产生很多认知冲突。认知冲突源于企业高层管理团队的异质性，对企业产生正效应，且能为企业提供及时的、有价值的、综合性强的行动或解决方案，因此，异质性与企业经营过程中的创新活动和创新能力呈正相关性。

虽然，企业高层管理团队的异质性对企业创新发展具有促进作用，但是异质性过大也有可能破坏团队的和谐。有研究表明，由于企业高层管理团队成员所拥有的专业知识、心理特征、行为倾向和问题界定等差异会阻碍团队成员之间的沟通与交流，降低团队成员间的理解力和凝聚力。同时，认知冲突的程度与情绪冲突的程度也有一定的相关性。认知冲突的程度超过恰当的范围就有可能促发情绪冲突，冲突的性质进而由良性冲突转为恶性冲突。因此，企业高层管理团队的异质性对企业高层管理团队冲突的影响重大。

从企业高层管理团队异质性的角度来分析团队冲突程度与冲突效应之间的关系，可发现随着团队异质性带来的冲突程度的递增，冲突效应由负效应渐变到正效应，当超过一定的冲突程度后，冲突效应又从正效应渐变为负效应，如图3－1所示。

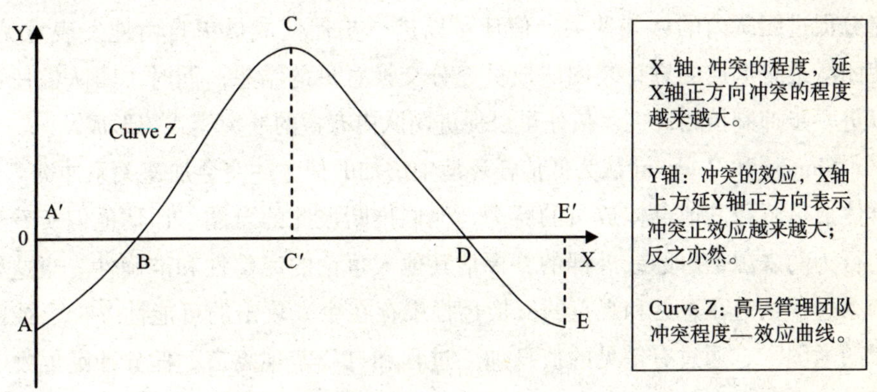

图3－1　基于异质性的企业高层管理团队冲突程度与冲突效应的关联图

3.1.3　信任对企业高层管理团队冲突的影响

信任可定义为：一方对对方不利用自己的脆弱性而行使机会主义行为的信心。信任的出现降低了合约的交易成本，减少违约的可能性。信任使得团队成员对彼此间的意图和行为存在着积极的期待，同时，如果成员彼此信任，他们将更可能为了共同利益而接受他人的观点，抑制自私自利的想法，从而减少团队内的不和谐与人际关系冲突。

在中国文化背景中，也有不少学者讨论了信任的维度，发表了关于信任的主要观点，包括杨中芳、彭泗清[57]指出中国人的信任呈现出关系基础上的差序格局，中国人的人际信任更多依赖于情感因素。李伟民、梁玉成[58]联系韦伯关于中国人信任的论述和观点，指出其中隐含的理论假设是中国人信任的两个维度：一种是以血缘家族关系为基础的特殊信任，另一种是以观念信仰共同体为基础建立起来的普遍信任。同时，梁克[59]指出中国人的信任与信用密切相关，带有权利色彩，与忠诚紧密相连。从以上学者的研究中可以看出，中国文化背景中信任的观点，主要是涉及基于关系的信任，带有强烈的人情关系的色彩。随着我国职业经理人市场的不断发展与壮大，信任问题向正在运行中的企业高层管理团队提出了新的挑战。

关于团队水平上的信任研究，比较有影响力的研究包括了Simons和Peterson[60]的高管团队的群体内信任对认知冲突与情绪冲突的重要影响，以及Porter和Lilly[61]的冲突、信任和任务承诺对项目团队绩效的影响的研究。这些研究认为：团队水平上信任对于冲突的影响可以分为两个层面，团队信任可以充分促进团队内的认知冲突，信任可以进一步促使成员更自由地发表意见，使团队最终形成的意见是团队成员充分交换意见的结果。同时，团队信任可以进一步抑制情绪冲突。信任可以促进团队内有益的冲突模式的形成。

Simons和Peterson认为低信任环境中增加的任务冲突会加速关系冲突[60]。群体成员解释其他群体成员的行为，他们推断彼此的意图，评估他们所看到的行为的来源是内部或外部的，评估其他人争论的完整性和准确性。当这种归因过程认为在意见和观点的交换过程中存在个人攻击的可能性[62]-[63]或隐藏的意图[5]，通过有偏见的信息加工过程和自我实现寓言，任务冲突促发了关系冲突[60]。

以家族企业为例，关键岗位领导及核心成员一般都是其直系亲属或有亲缘关系的亲戚、朋友，这些人形成了初始的权力集中而又任人唯亲的家族高层管理团队。随着家族企业的发展，企业主个人有限的管理半径和家族企业不断扩大的企业规模之间的矛盾越来越突出，由于家族内部人才资源的短缺和有限，必然要引入外姓和外地等“外人”进入家族企业。但亲疏有别的伦理习俗必然造成内外有别的现象，使外来的职业经理人有一种“外人”的感觉，家族外的优秀专业人士难以晋升决策层，让家族以外的能人感到没有前途，弱化了企业对外来人才的凝聚力，导致外部关系对家族企业的排斥，企业也容易产生短期行为。从家族治理模式可以看出，家族的族长与引进的职业经理人之间是直接的委托代理关系，其家族利益、企业利益与职业经理人之间的关系如图 3－2 所示。

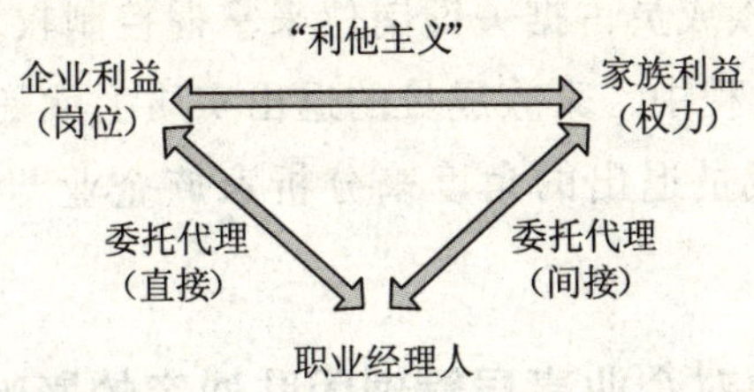

图 3－2 家族利益、企业利益与职业经理人之间的关系

虽然职业经理人被授予了一定程度的权力，也签订了一个较满意的报酬方式。但是为了完成对族长许下的承诺，在这样一个上下人脉大部分为家族成员的企业里立足是何等难的事情。职业经理人进入家族企业，在岗位上可能居于大部分家族成员之上，董事长（家族族长）之下（见图 3－3），但是其实际权力是在董事长（家族族长）之下，与家族成员平行乃至更低（见图 3－4）。

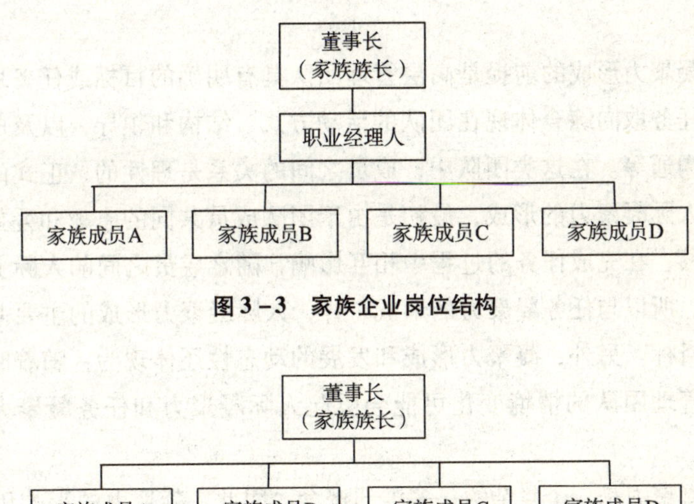

图 3－3 家族企业岗位结构

图 3－4 家族企业权力结构

虽然看似职业经理人在家族企业中具有一定的权力。但事实上，家族企业的实际权力往往还控制在家族或泛家族成员手中，一是怕泄露家族企业“商业秘密”，二是怕职业经理人掌握控制权后，家族利益会受到损害。家族企业对控制权的控制有两种形式：（1）家族企业主一个人控制企业人、财、物权；（2）通过家族成员占据关键岗位来掌握控制权。在第二种形式下，在家族企业职业化过程中，家族成员的退出实质上就是对职业经理人的授权，因此，从家族成员退出的角度来分析家族企业与职业经理人之间的“信任冲突”。

3.1.4 凝聚力对企业高层管理团队冲突的影响

Lott（1965）[64]认为凝聚力是多维的，并受团队成员之间相互合作的程度、团队对其成员的接受、团队的外部威胁以及团队成员报酬等因素的影响。卡伦等人将凝聚力描述为一个动态的过程，而不认为凝聚力是静态的。他们主张凝聚力至少应区分为两个方面的内容：（1）任务凝聚力，是指由于成员对团队任务的喜好或责任感，它与团队的目标和成绩指标的承诺相关；（2）人际凝聚力，是指团队因人际关系良好而产生的对成员的吸引力，它更多地涉及人际间的关系，如友谊关系和交往情感上的支持。

任务凝聚力形成的前提是高层管理团队具有明确的目标或任务取向，这种目标和任务取向综合体现在团队的活动方式、结构和领导，以及成员之间的互动和沟通等。在这类团队中，成员之间的关系是理性的、正式的和非个人化的。人际凝聚力的形成，最初是由于团队成员共同的志趣和爱好，随着时间的推移，在完成任务的过程中相互影响，随之成员之间的人际关系逐渐发展起来。所以与任务凝聚力的形成一样，人际凝聚力形成的主要基础仍然是任务和目标。另外，凝聚力形成和发展的动态性还体现为：随着时间的推移，高层管理团队的情境变化可能会引起人际凝聚力和任务凝聚力的相互转化。

由于凝聚力是一个复杂的、多维的概念，因此，凝聚力的影响因素也是多维的（见图3－5）。有关研究表明，团队凝聚力的高低受多种因素的影响，概括起来主要有以下9种：（1）团队的领导方式；（2）成员间的共同性；（3）成员间的吸引性；（4）成员对团队的依赖；（5）外部环境的影响；（6）团队内部的激励方式；（7）团队的规模大小；（8）成员间的空间距离；（9）信息沟通的方式。

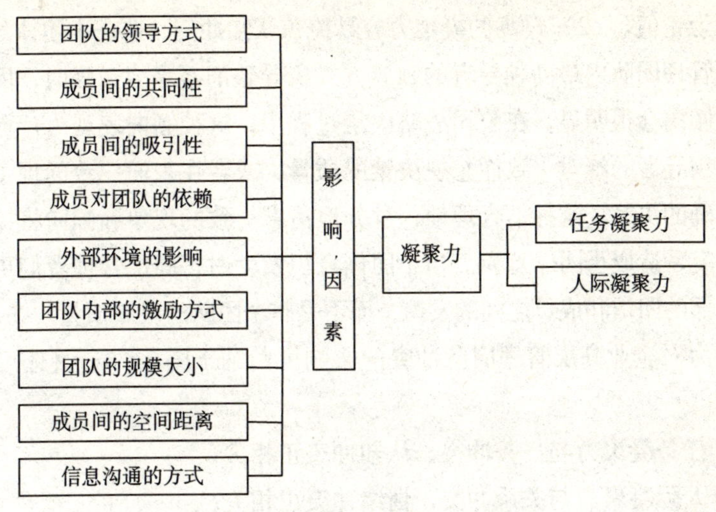

图3-5 凝聚力的分类及影响因素

雒永信、聂锐[65]提出凝聚力是目标、权力、心理距离的函数，它们之间的相互关系可表示为：

$$F = KQq/R^2$$

式中，F 表示管理者对被管理者的凝聚力。其中：

$$K = \cos\theta$$

θ 表示二者之间的目标方向的夹角，K 的取值范围为 $[-1, 1]$；Q、q 分别表示管理者和被管理者的权力；R 表示管理者和被管理者之间的心理距离。

赵曙明等[66]认为，高凝聚力给组织带来的直接结果是组织目标的达成、组织成员的个人成就和满意感、组织成员之间相互交流数量和质量的提高等；而低凝聚力会增加实现目标的难度，提高团队解散的可能性，减少成员间交流以及导致个人主义。

凝聚力对企业高层管理团队冲突的影响作用主要表现为：（1）较高的凝聚力有助于激发认知冲突、减少情绪冲突。凝聚力水平较高的企业高层管理团队成员之间很少有紧张关系，成员们把重点放在任务上，且均能十分坦诚地发表自己独到的见解，有利于激发团队的任务冲突，从而引起认知冲突、减少情绪冲突。精明的高层管理团队领导人必须善于建设团队的凝聚力，通过提高凝聚力水平来有效地引导认知冲突，控制情绪冲突的蔓延，努力使由认知冲突可能引发的收益增加幅度大于由情绪冲突可能造成的收益减少幅度，从而净收益为正值。(2) 过高的凝聚力容易掩盖认知冲突、造成小团体意识。当企业高层管理团队内最高领导者的领导方式所导致的凝聚力过强时，团队成员们的从众倾向会很明显。在公司战略决策过程中，这种倾向表现为片面和过分地追求与领导者的绝对一致而忽视决策的质量，或者在表面一致的现象下强行通过不正确的决策。这种不合理地、过分地追求一致的现象和倾向将掩盖团队的认知冲突、造成小团体意识。当小团体意识发生时，高层管理者们更关心的是团队内部的团结和成员之间的友谊，而不是整个团队的决策质量。

凝聚力对企业高层管理团队冲突的影响可归纳于图 3－6，具体可得出如下 5 点：

(1) 任务凝聚力与任务冲突、认知冲突正相关；

(2) 人际凝聚力与关系冲突、情绪冲突正相关；

(3) 任务凝聚力与人际凝聚力能相互转化；

(4) 任务冲突与关系冲突能相互转化；

(5) 认知冲突与情绪冲突能相互转化。

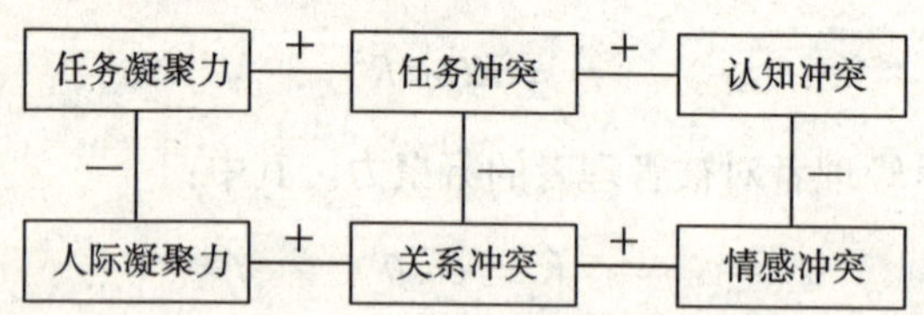

图 3－6　凝聚力对企业高层管理团队冲突的影响

3.2　企业高层管理团队认知冲突与情绪冲突的关联机制

根据 Amason 的理论，企业高层管理团队冲突可分为认知冲突和情绪冲突。其中高层管理团队认知冲突是指企业高层管理团队成员在其认知发展过程中原有的概念或认知结构与现实环境的不相符而在心理上所产生的冲突，强调个体的内心冲突，这种冲突起因于个体对外界环境的认知与原有的认知结构之间的矛盾。而高层管理团队情绪冲突则是指企业高层管理团队个体成员由于客观外部环境或主观内心活动的刺激所产生的、较为强烈的态度体验而导致的冲突。情绪冲突一般表现为矛盾、紧张、激动、抵触等。情绪冲突是针对主体的情绪化行为[67]。

认知冲突和情绪冲突总是相伴而生和相互转化的。在冲突管理中，如果处理不当，认知冲突会发展成情绪冲突。当认知冲突被一方知觉为另一方在向自己表达不满时，情绪冲突也就随即发生，图 3－7 是一个简单的转化过程。如果在弱矩阵结构中，当企业高层管理团队成员在资源如何分配的问题上产生分歧时，在双方争论的过程中，如果其中一方以自己权限的优势而有意用略带嘲讽的语气拒绝另一方的提议，当这种不满被对方感知时，情绪冲突就会由此产生。这种情绪冲突有时会破坏企业高层管理团队中的和谐气氛，降低成员间的信任水平，造成人际关系紧张，不利合作，对团队绩效产生负面影响。

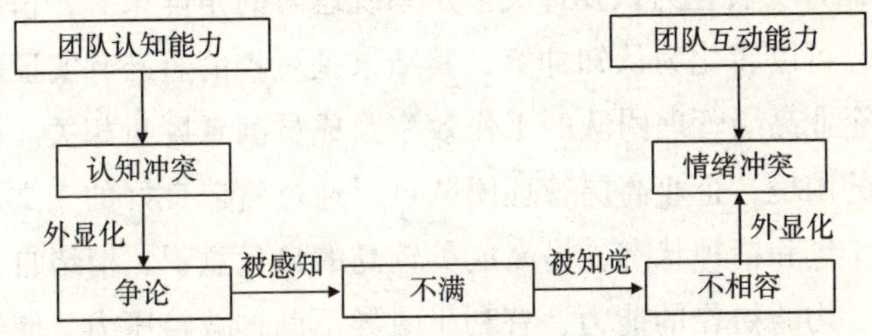

图 3－7　企业高层管理团队认知冲突转化为情绪冲突示意图

另外，由于冲突是一把双刃剑，认知冲突与情绪冲突通常相伴而生，许多情绪冲突来源于对认知冲突的误解，而认知冲突也可以转化为情绪冲突。

（1）认知冲突转化为情绪冲突——以企业高层管理团队战略决策过程为例，如图 3－8 所示。认知冲突往往会转化为情绪冲突，主要有下面 3 个原因：一是高层管理者的偏好往往是隐藏的，在这些管理者不能很好地证实他们偏好的情况下，怀疑会嵌入决策过程中并且将认知的不一致性降低到个人冲突的水平。二是认知冲突的过程可能会伴随着过分自信的情绪，在缺乏坦诚和互动的氛围下，这种过分自信可能会被放大并转化为个体的对立，甚至是激烈的争吵。在冲突中团队成员会强烈倾向于认为他们对特定问题的观点是正确的，别人提出的异议会使他们感到急躁和难以容忍。三是当企业高层管理团队成员感觉到团队内部存在着认知对立时，他们可能会通过口头的或非口头的方式传递非任务相关信息来寻求其他成员的支持甚至是以此来作证自己的观点，认知冲突范围的扩大可能会导致个体之间的攻击或贬低从而挑起或扩大成员之间的对立情绪。

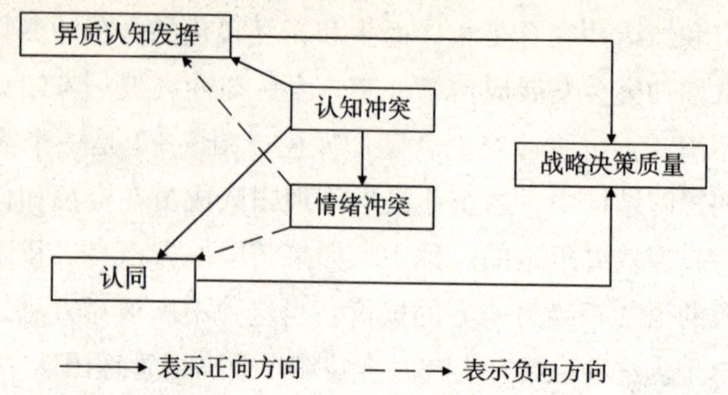

图3-8　高层战略决策中认知冲突与情绪冲突的互动过程

（2）情绪冲突转化为认知冲突。从系统思考的角度来看，情绪冲突的过程是动态的，可以转化为认知冲突，其结果是可控的。已有实证研究表明了情绪冲突和企业高层管理团队的工作效率及成员满意度负相关。面对情绪冲突水平较高的困境，企业高层管理团队可以通过营造良好的人文环境，维持团队的高昂士气和精神状态，提高成员较高的自我意识、情绪自控能力和彼此相互理解、沟通协作的能力，有利于疏导不满，减轻压力，使组织通过管理情感的能力超越逆境，实现目标。通过重塑组织文化，培养团队成员创新意识、全局观念、合作精神和忧患意识，消除自我防卫，降低人际关系内耗，客观认识冲突，分析冲突情境，协调冲突，激发具有建设性意义的认知冲突，有效转化和减少情绪冲突，从而增强团队活力，提高整体绩效。

3.3　企业高层管理团队冲突的稳定机制

这里，运用得益矩阵、复制动态方程和进化稳定策略来解决冲突问题。其中，进化稳定策略（Evolutionary Stable Strategy，ESS）是一个比纳什均衡更强的概念，能够实现对多重纳什均衡的精练。在企业高层管理团队冲突分析中，冲突双方相互博弈行为的稳定性分析可为冲突双方选择均势战略提供依据。

3.3.1　企业高层管理团队中的潜在冲突博弈

1. 模型建立

第一步：构建得益矩阵

假设：

(1) 潜在易冲突分子为有限理性经济人，他们在有限理性的约束条件下追求个人利益最大化。

(2) 潜在易冲突分子在有上级领导（含股东）监督的环境下工作；对于一般建设性的冲突，企业是允许甚至鼓励的；但是对于破坏性的冲突，企业是不允许的，会给予监督和制止。所以，企业上级领导一般会监督或抽查企业管理团队中的冲突行为，如果抽查到有建设性的冲突行为，有时会给予一定的奖励，假设每抽查到一次建设性冲突会给予奖励 T；如果抽查到有破坏性冲突行为，会给予一定的处罚 L。无论是建设性冲突行为，还是破坏性冲突行为，均设被抽查的概率为 x。

(3) 虽然破坏性冲突被上级领导查到时会给予一定的处罚，但是在没有被上级领导查到时，可能有额外的收益，特别是当两者博弈中一人选定破坏性冲突时，收益更是明显。假设潜在易冲突分子的破坏性冲突没有被领导抽查到时的额外收益为 I，当两者都选定破坏性冲突时，两者收益分别为 $\beta I, (1-\beta)I$，其中 β 为两者破坏性冲突时的胜算数，且 $0 \leqslant \beta \leqslant 1$。

(4) 假设一般情况下，潜在易冲突分子的正常收益为 R。那么，两者都选定建设性冲突时，各自收益为：

$$(R + xT, R + xT)$$

其中 $x = 1$；两者冲突中一人为建设性冲突，另一人为破坏性冲突时，各自收益为：

$$(R + xT, R + xI - xL)$$

两者都选定破坏性冲突时，各自收益为：

$$[R + \beta I - xL, R + (1 - \beta)I - xL]$$

其中 $x = 1$。则得益矩阵如图 3-9 所示。

		潜在易冲突分子2	
		建设性冲突	破坏性冲突
潜在易冲突分子1	建设性冲突	$(R+T, R+T)$	$(R+xT, R+xI-xL)$
	破坏性冲突	$(R+xI-xL, R+xT)$	$[R+\beta I-L, R+(1-\beta)I-L]$

图 3-9 冲突博弈得益矩阵

2. 冲突博弈的复制动态和进化稳定策略

根据上述关于冲突博弈假设，不难构建关于潜在的易冲突群体之间博弈的进化动态规律，也就是复制动态方程（Replicator Dynamics Equation,

RDE)。设潜在的易冲突群体中选定破坏性冲突分子所占的比例为 y，比例为 $1-y$ 的博弈方采用建设性冲突策略。那么，采用两种策略博弈方的期望得益和群体平均期望得益分别为：

$$\begin{cases}\mu_1 = y\cdot(R+xT)+(1-y)\cdot(R+T)\\ \mu_2 = y\cdot(R+\beta I-L)+(1-y)\cdot(R+xI-xL)\\ \bar{u} = (1-y)u_1+yu_2\end{cases} \tag{3-1}$$

由于上述博弈关系是 2×2 的对称博弈，因此复制动态方程可直接根据一般公式得到：

$$\frac{dy}{dt} = y(u_2-\bar{u})$$

$$= F_1(y)(1-y)[y(\beta I-L-xT)+(1-y)(xI-xL-T)] \tag{3-2}$$

根据该复制动态方程，令 $F(y)=0$，不难求出其中 3 个可能的稳定状态点：

$$\begin{cases}y_1^{*} = 0\\ y_2^{*} = 1\\ y_3^{*} = (T+xL-xI)/(\beta I-L-xT-xI+xL+T)\end{cases}$$

进化稳定策略（Evolutionary Stable Strategy，ESS）必须满足的条件：

$$\begin{cases}F(y^{*}) = 0\\ F'(y^{*}) < 0\end{cases} \tag{3-3}$$

3.3.2 企业高层管理团队中的潜在冲突干预博弈

1. 模型假设

在冲突博弈中，除了博弈双方相互的策略导致相互影响外，上级领导对冲突的监管程度也会影响博弈策略的发展。所以，在研究企业高层管理团队冲突时，还需要研究冲突方与监督方之间的博弈。为了简便起见，假设所讨论的冲突干预博弈的得益矩阵如图 3-10 所示。

		外部监督	
		监督	不监督
潜在易冲突分子	建设性冲突	$(R+T,\kappa_1)$	(R,κ_2)
	破坏性冲突	$(R+I-L,\kappa_3)$	$(R+I,\kappa_4)$

图 3-10　外部监督——冲突博弈得益矩阵

图3-10中：κ_1 表示外部对建设性冲突分子监督考察时的得益，而一旦考察到建设性冲突行为就应给予奖励，所以在有外部监督时建设性冲突分子的得益为 $R+T$；κ_2 表示外部对建设性冲突分子不实施监督考察时的得益，由于没有外部监督考察，所以建设性冲突分子没有额外奖励，故其得益为 R；κ_3 表示外部对破坏性冲突分子监督考察时的得益，由于一旦考察到破坏性冲突行为将给予一定处罚，所以在有外部监督时破坏性冲突分子的得益为 $R+I-L$；κ_4 表示外部对建设性冲突分子不实施监督考察时的收益，由于没有外界监督，所以选择破坏性冲突行为，不会有损失，故破坏性冲突分子的得益为 $R+I$。

2. 冲突干预博弈的复制动态方程

由于本博弈是一个非对称博弈，因此不能套用对称博弈的分析框架。因为现在实际上有两个不同的博弈方群体，一个是在博弈方1位置博弈的潜在的易冲突群体；另一个是在博弈方2位置博弈的外部监督，因此，每次博弈实际上都是前一个群体的一个成员和后一个群体的一个成员进行的。这里的分析框架是：反复在两个群体中各随机抽取一个成员配对进行上述冲突干预博弈，博弈方的学习和策略模仿局限在他们所在的群体内部，策略调整的机制仍然是与两人对称博弈中相似的复制动态。这样，就可以分别对两个群体成员进行复制动态和进化稳定策略分析，分析的方法与两人对称博弈是相似的。因此，在博弈方1位置博弈的潜在易冲突群体中，选择破坏性冲突策略的人数比例为 y，那么选择建设性冲突策略的比例为 $1-y$；在博弈方2位置博弈的外部监督的概率为 x，那么外部不监督的概率为 $1-x$。这样，在博弈方1位置的易冲突群体的“建设性冲突”、“破坏性冲突”两类博弈方的期望得益 u_{1e}、u_{1n} 和群体平均得益 $\bar{u}_1$ 分别为：

$$\begin{cases} u_{1e} = x(R+T) + R(1-x) \\ u_{1n} = x(R+I-L) + (1-x)(R+I) \\ \bar{u}_1 = y \cdot u_{1n} + (1-y) \cdot u_{1e} \end{cases} \tag{3-4}$$

在博弈方2位置的外部“监督”、“不监督”两类博弈方的期望得益 u_{2e}、u_{2n} 和群体平均得益 $\bar{u}_2$ 分别为：

$$\begin{cases} u_{2e} = y \cdot \kappa_3 + (1-y) \cdot \kappa_1 \\ u_{2n} = y \cdot \kappa_4 + (1-y) \cdot \kappa_2 \\ \bar{u}_2 = x \cdot u_{2e} + (1-x) \cdot u_{2n} \end{cases} \quad (3-5)$$

现在我们分别把两人对称博弈的进化博弈的复制动态分析，用于两个位置博弈的博弈方群体，得到在博弈方 1 位置博弈的潜在破坏性冲突群体的类型比例复制动态方程为：

$$F_2(y) = \frac{dy}{dt} = y(u_{1n} - \bar{u}_1) = y(1-y)[I - x(L+T)] \quad (3-6)$$

在博弈方 2 位置的外部监督比例的复制动态方程为：

$$F(x) = \frac{dx}{dt} = x(u_{2e} - \bar{u}_2) = x(1-x)[(\kappa_2 + \kappa_3 - \kappa_1 - \kappa_4)y - (\kappa_1 + \kappa_2)] \quad (3-7)$$

由式（3－2）、式（3－6）可知，在有外界监督下的冲突博弈进化速度为：

$$\begin{aligned} F(y) &= \frac{dy}{dt} = F_2(y) + F_2(y) \\ &= y(1-y)[I - x(L+T)] + y(1-y)[y(\beta I - L - xT) + (1-y)(xI - xL - T)] \\ &= y(1-y)[(\beta I - L - xT - xI + xL + T)y + (I - 2xL - xT + xI - T)] \end{aligned} \quad (3-8)$$

$$\begin{cases} y_1 = 0 \\ y_2 = 1 \\ y_3 = [(T + xL - xI) + (xL + xT - I)]/(\beta I - L - xT - xI + xL + T) \end{cases}$$

3. 讨论

（1）当 $x(L+T) < I$ 时，

①当 $y_3^* < 0$ 时，$F_1(y_1^*) = F_1(0) = 0$，$F'_1(y_1^*) = F'_1(0) < 0$，所以 $y_1^* = 0$ 是式（3－2）所示博弈的 ESS。

当 $y_3 \leqslant 0$ 时，$F(y_1) = F(0) = 0$，$F'(y_1) = F'(0) < 0$，所以 $y_1 = 0$ 是式(3－8)所示博弈的 ESS；此时，$F'(y) < F'_1(y), y \in [0, \varepsilon,)$，收敛到 $y = 0$ 的速度更慢（图 3－11（a））；

当 $1 \geqslant y_3 > 0$ 时，$F(y_3) = 0$，$F'(y_3) = F'(0) < 0$，所以 $y_3 = [(T + xL - xI) + (xL + xT - I)]/(\beta I - L - xT - xI + xL + T)$ 是（3－8）式所示博弈的 ESS。可见，外部监督和奖惩制度并没有加速破坏性冲突进化到 $y = 0$，而是

进化到 $y_3 = [(T + xL - xI) + (xL + xT - I)]/(\beta I - L - xT - xI + xL + T)$（图 3－11（b））；

当 $y_3 > 1$ 时，$F(y_2) = F(1) = 0$，$F'(y_2) = F'(1) < 0$，所以 $y_1 = 1$ 是式(3－8)所示博弈的 ESS。所以，外部监督及奖惩制度完全无效，这种制度下，放纵了破坏性冲突进化到 y = 1（图 3－11（c））；

②当 $0 < y_3^* < 1$ 时，$F_1(y_3^*) = 0$，$F'_1(y_3^*) < 0$，所以 $y_3{}^*$ 是式（3－2）所示博弈的 ESS；$F(y_3) = 0$，$F'(y_3) < 0$，所以 y_3 是式（3－8）所示博弈的 ESS。此时，$y_3 > y_3^*$。所以，外部监督及奖惩制度放纵破坏性冲突的发展（图 3－11（d））。

③当 $1 < y_3^*$ 时，$F_1(y_2^*) = F_1(1) = 0$，$F'_1(y_2^*) = F'_1(1) < 0$，所以 $y_1^* = 1$ 是博弈的 ESS；$F(y_2) = F(1) = 0$，$F'(y_2) = F'(1) < 0$，所以 $y_1 = 1$ 是式（3－8）所示博弈的 ESS；此时，$F'(y) > F'_1(y), y \in (1 - \varepsilon, 1]$，收敛到 y = 1 的速度增快（图 3－11（e）），外部监督及奖惩制度加速了破坏性冲突的进化。

（2）当 $x(L + T) > I$ 时，

①当 $y_3^* < 0$ 时，$F_1(y_1^*) = F_1(0) = 0$，$F'_1(y_1^*) = F'_1(0) < 0$，所以 $y_1^* = 0$ 是式（3－2）所示博弈的 ESS；$F(y_1) = F(0) = 0$，$F'(y_1) = F'(0) < 0$，所以 $y_1 = 0$ 是式（3－8）所示博弈的 ESS；此时，$F'(y) > F'_1(y), y \in [0, \varepsilon,)$，收敛到 y = 0 的速度更快（图 3－11（f））。

②当 $0 < y_3^* < 1$ 时，$F_1(y_3^*) = 0$，$F'_1(y_3^*) < 0$，所以 y_3^* 是式（3－2）所示博弈的 ESS；$F(y_3) = 0$，$F'(y_3) < 0$，所以 y_3 是式（3－8）所示博弈的 ESS；此时，$y_3 < y_3^*$，破坏性冲突率更少了（图 3－11（g））。

③当 $1 < y_3^*$ 时，$F_1(y_2^*) = F_1(1) = 0$，$F'_1(y_2^*) = F'_1(1) < 0$，所以 $y_1^* = 1$ 是式（3－2）所示博弈的 ESS。

a. 当 $y_3 < 0$ 时，$F(y_1) = F(0) = 0$，$F'(y_1) = F'(0) < 0$，所以 $y_1 = 0$ 是式（3－8）所示博弈的 ESS（图 3－11（h））。可见，外部监督及奖惩措施效果非常明显，能有效地遏制破坏性冲突向 $y = 1$ 进化，而且经过长时间的进化，还可能使破坏性冲突向 y = 0 进化；

b. 当 $1 \geqslant y_3 > 0$ 时，$F(y_3) = 0$，$F'(y_3) = F'(0) < 0$，所以 $y_3 = [(T + xL - xI) + (xL + xT - I)]/(\beta I - L - xT - xI + xL + T)$ 是式（3－8）所示博弈

的 ESS（图 3-11（i））。可见，外部监督和奖惩制度并没有加速破坏性冲突进化到 $y=0$，而是进化到 $y_3=[(T+xL-xI)+(xL+xT-I)]/(\beta I-L-xT-xI+xL+T)$；

c. 当 $y_3>1$ 时，$F(y_2)=F(1)=0$，$F'(y_2)=F'(1)<0$，所以 $y_1=1$ 是式（3-8）所示博弈的 ESS；此时，$F'(y)<F'_1(y), y\in(1-\varepsilon,1]$，收敛到 $y=1$ 的速度更慢（图 3-11（j））。所以，外部监督及奖惩措施略有效果，虽不能控制破坏性冲突最终进化到 $y=1$；但是可以延缓这种进化速度。

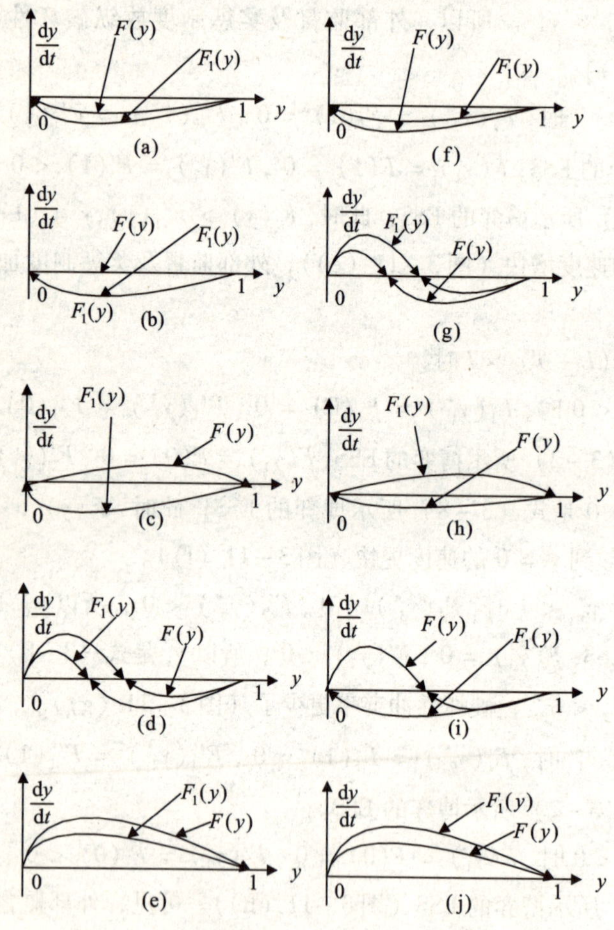

图 3-11　冲突干预博弈的复制动态方程分析图

第4章 企业高层管理团队冲突的效应

4.1 企业高层管理团队冲突的业绩关联效应

4.1.1 企业高层管理团队冲突对绩效的影响

在企业高层管理团队的运作过程中，即便是在那些经验、知识丰富、组织决策能力很强的职业经理人所组成的高层管理团队中，冲突仍然是不可避免的现象。有学者研究表明，在动态与模糊的外部环境下，高层管理团队内部存在争论和分歧是必然的。冲突通过全方位、多视觉地考察问题，加深了团队成员对问题的思考，分享了知识和经验，激发了创意和灵感，进而有助于企业高层管理团队绩效的提高。经研究发现，高层管理团队的冲突对绩效的影响是多方面、多维度的。

1. 高层管理团队的认知冲突有助于提高组织绩效，而情绪冲突则相反

由于高层管理者在成员传记性特征方面的差异性和团队层级结构上的特殊性等原因，使得团队成员之间的意见不统一，当他们产生的不同观点是聚焦任务的时候，这种认知冲突就能改善组织绩效。同时，认知冲突对组织绩效的帮助是有一定条件的，只有在低水平的团队氛围紧张程度和冲突双方拥有共同的或者相互依存的目标情况下所引起的认知冲突，才能作出更高质量的决策，才能促进创新性思考，才能取得更佳的业绩。如果高层管理团队内部的冲突主要聚焦于个人化的愤怒与憎恨，通常针对个人而不针对问题，这种情绪冲突对团队的绩效是有害的。这种情绪冲突会降低决策的质量，使得高层管理团队的成员间不容易达成共识，破坏了团队成员间的信任和友情，导致团队内部形成小团体意识，降低了组织绩效。

2. 高层管理团队对冲突的接受程度越高，则冲突对绩效的效用越大

一个具有客观、民主、自由讨论氛围的企业高层管理团队是一个对冲突接受程度较高的团队，在这种氛围里的团队成员们具有接受冲突和管理冲突的正确认识与处理能力，既能沉着应对冲突的各种可能现象，也能愉快地接受他人新观点的挑战，同时，还敢于提出与之不同的想法和建议。经过对一些企业的调研发现，企业文化和价值观是影响组织对冲突接受度的重要因素。高科技企业、外资公司相比其他类型的企业更能够接受冲突和管理冲突，甚至利用冲突来提高企业绩效。而以国有企业为首的企业组织通常都是“一言堂”式的管理方式，对冲突的接受程度非常低，自然在会议过程中不允许其他声音的存在，因此，大多数的高层管理人员都会选择回避矛盾或顺应冲突的方式来博取在任领导的青睐。

3. **高层管理团队成员之间的关系冲突对绩效的双重影响**

企业高层管理团队的关系冲突可能通过其对成员心理、人际关系、工作热情、协作关系、团队效率、团队生存与发展等多个因子对组织绩效产生双重的影响，具体如表 4－1 所示。

表 4－1　高层管理团队关系冲突对绩效的双重影响

冲突的影响	利与弊	对绩效的双重影响
对成员心理	利：使坚强的成员为之崛起，看到自身弱点； 弊：使成员紧张、焦虑、不安、痛苦	正向：增强了团队的竞争意识； 反向：使得团队气氛紧张，成员们将注意力转移到关系冲突上
对人际关系	利：冲突可促使团队成员更好地相互认识； 弊：使成员彼此间相互排斥、对立、威胁、攻击	正向：缩短团队成员之间的磨合期； 反向：团队凝聚力降低
对工作热情	利：激发竞争的热情； 弊：因团结合作的工作气氛被破坏，因此团队士气减弱	正向：激发对抗性竞争热情； 反向：降低团队成员的工作热情
对协作关系	利：在不合作的困境下发现互相协作的重要性； 弊：导致相互拆台、互不配合、破坏协作的现象	正向：团队提高协作的意识； 反向：团队工作效率降低
对团队效率	利：揭露团队工作的弱点； 弊：工作注意力转移、正常工作过程受到干扰	正向：促进决策向更完善的方向发展； 反向：工作效率和决策质量低
对团队生存与发展	利：冲突可能促使团队进行合理的变革； 弊：冲突可能导致团队解体	正向：使团队生命重生； 反向：使团队生命结束

4. 高层管理团队冲突对绩效影响的重要中介变量

高层管理团队冲突对绩效的影响经常通过提高团队决策能力、增强团队的创新能力、提高成员的满意度、增强团队凝聚力等方式对组织绩效产生影响，其相互关系如图4－1所示。决策能力是企业高层管理团队的一项重要能力，决策质量的好坏直接关系到企业的命运。因此，决策能力强的高层管理团队，其组织绩效必定高。前面论述的认知冲突对高层管理团队的创新能力也是最有利的刺激因素，一个具备高创新能力的团队也必定能创造出优异的业绩。角色冲突使得团队中的个体成员对工作的满意程度提出了挑战，当满意度不理想时，可能会有成员退出该团队，反之，一个满意度较高的团队对成员们的吸引力（凝聚力）也大。较高的凝聚力有助于激发认知冲突、减少情绪冲突，提高组织绩效；而过高的凝聚力容易掩盖认知冲突、造成小团体意识，降低组织绩效。

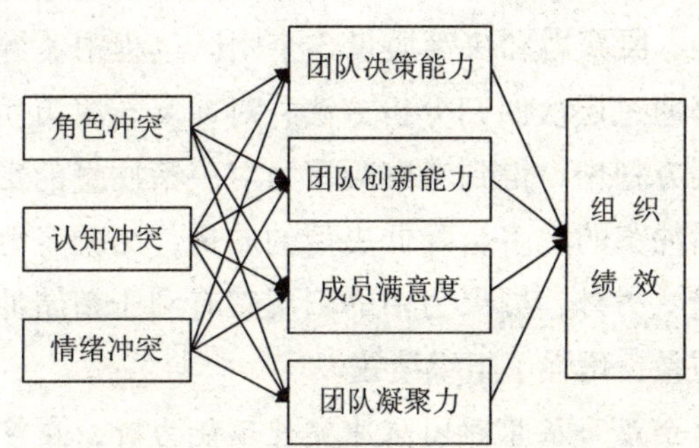

图4－1　高层管理团队冲突对绩效影响的中介变量

4.1.2　企业高层管理团队冲突与业绩关联的统计分析及其启示

刘军等人[68]对我国电信行业118家企业的高层管理团队进行了调研，研究发现成员间的价值观一致性能预测高层管理团队的关系冲突。经过对1 405个有效样本进行发放问卷并分别对团队有效性、团队凝聚力、自我工作满意度和离职倾向做的阶层回归和多层线性模型（Hierarchical Linear Modeling，HLM）统计分析发现，企业高层管理团队价值观一致性程度高，则员工会感觉满意，离职意愿低，也会认为高层管理团队凝聚力好。关系冲突高层管理人员认为的团队有效性和离职倾向分别存在负向和正向影响作用，另外，企业竞争环境对以上两种关系存在调节效应。实证研究证明，在竞争激烈的环境下，任务冲突与高层管理团队绩效之间的正向关系被削弱，而关系冲突与高层管理团队绩效之间的负向关系被强化。

启示：对于企业高层管理团队来说，价值观能影响企业的战略目标选择和实现目标所经历的途径。团队成员必须在关键的价值取向上取得一致，否则容易在企业最重要的问题上意见相左而导致关系紧张，甚至引起领导团队分裂。虽然价值观共享可能在团队运作过程中逐步趋同化，但在组建高层管理团队之初就将成员价值观作为考察指标，会使得团队运作从一开始就有效率且取得好绩效。企业面临外界的竞争压力时，高层之间冲突的关系会给企业带来毁灭性冲击。作为企业高层管理者，应当认识到“攘外必先安内”的道理，企业的最高领导也应将成员紧紧团结在共同目标之下，减少不必要的内耗，将精力集中于解决企业实际问题。

王国峰等人[69]通过面向112位EMBA学员发放问卷的方式，对中国企业高层管理团队冲突、凝聚力和决策质量3个团队过程中关键变量的关系进行了实证研究。本书通过层次回归分析方法，对冲突与决策质量进行回归，然后将凝聚力加入到方程中，得到考察凝聚力对决策质量的影响模型。研究结果发现团队内情绪冲突的增多会降低决策的质量，而凝聚力中的士气感则有利于提高决策质量。另外，凝聚力中的归属感有利于情绪冲突的减少，从而间接提高了决策质量，增强了组织绩效。

启示：在培育企业高层管理团队冲突处理能力时，应该加强凝聚力和团队公开性以及相互关系等向心力的加强，同时也会减少认知冲突向情绪冲突的转化。通过增加高层管理团队成员归属感和激发团队解决共同目标的措施形成成员对组织的承诺。

葛玉辉[70]从人力资本价值的视角，采取定性与定量研究两种方法，结合前人的研究成果，从高层管理团队的能力、努力水平、合作程度、贡献、素质等权变因素及其变化对企业绩效的影响，同时还考虑了高层管理团队人力资本在市场竞争过程中为顺利实施组织内部各项生产经营活动，以实现团队所发现的潜在市场价值及企业可持续发展而由多种资源、要素所组合的，并对其进行整合的组织能力；以及高层管理团队个体成员的特征、企业特征和地理等控制变量。文中探讨并构建了高层管理团队人力资本价值构成因子与企业绩效的关系模型，用数学公式可以表示为：

$$Y = f(D,P,A,S,C,\omega) * \Omega + \varepsilon \tag{4-1}$$

其中：

$P = \omega(P_a + P_b)$

$A = \omega(A_a + \Delta A_a + A_b)$

$S = \omega S_a + (1-\omega) S_b$

$C = \omega(C_a + C_b)$

式（4－1）中的 D,P,A,S,C 可分别表达为：

$D = \sum_{i=1}^{3}(\omega d_i)$；$P = \sum_{i=1}^{3}(\omega p_i)$；$A = \sum_{i=1}^{7}(\omega a_i)$

$S = \sum_{i=1}^{2}(\omega s_i)$；$C = \sum_{i=1}^{4}(\omega c_i)$

其中，Ω 表示环境—资源—组织能力乘数，ε 表示为随即干扰因素，ω 表示为高层管理团队人力资本产权界定的完整率。式（4－1）中，Y 表示企业绩效；D 表示高层管理团队的素质因子；P 表示高层管理团队成员的贡献因子，P_a 表示高层管理团队成员的现实贡献因子，P_b 表示高层管理团队成员的潜在贡献因子；A 表示高层管理团队的能力因子，A_a 表示高层管理团队的现实基本能力，ΔA_a 表示通过"干中学"新增的能力，A_b 表示高层管理团队的潜在能力；S 表示高层管理团队的努力因子，S_a 表示高层管理团队的生产性努力，S_b 表示高层管理团队的分配性努力；ω 表示高层管理团队人力资本产权界定的完整率；C 表示高层管理团队合作因子，C_a 表示高层管理团队现实合作因子，C_b 表示高层管理团队潜在合作因子。模型说明，高层管理团队人力资本价值和组织能力是解释企业绩效差异的关键变量。企业绩效是高层管理团队人力资本价值和组织能力共同作用的结果，且两者都将受到高层管理团队成员特征、企业特征及行业特征、高层管理团队人力资本产权界定的完整率等多种因素的影响。

启示：企业高层管理团队是一个开放的系统，团队的工作环境、组织环境、自然环境、社会环境以及高层管理团队人力资本产权界定，一方面影响制约高层管理团队人力资本价值构成因子作用的发挥；另一方面也不可避免地对团队绩效和企业绩效产生重大影响。例如，人力资本产权界定完整率以及良好信任的文化氛围和工作环境可以使高层管理团队成员工作努力并感到兴奋、富有挑战、充满支持和成功，必然激发高层管理团队人力资本价值因子，促使高层管理团队高效工作，提升企业绩效。

伍剑琴[71]通过问卷和个人访谈的方式，面向多家企业的120名高层管理人员发放了问卷，根据有效问卷的统计分析结果，通过对数据的分析显示出高层管理团队任期对绩效是有影响的（表4-2）。

表4-2　高层管理团队任期对绩效的影响

任期的4个阶段	对绩效的影响
第一年：组建初期	彼此不熟悉、交流频繁、认识新观点、取得成绩。
第二年：磨合期	有一定了解、矛盾冲突出现、产生内耗、影响绩效。
第三年：发展期	彼此很了解、认知趋同、对团队产生认同感与归属感、取得高绩效。
三年后：衰弱期	按部就班、沟通减少、绩效下降。

启示：高层管理团队任期对绩效的影响呈现出一种先升后降的趋势，表明高层管理团队需要一定时间以便达到彼此的融合而实现最大绩效，但随着时间的推移却会出现一种集体惰性，最终不利于企业绩效。由于平均任期长的团队容易使成员的思想变得保守和不敏感，对绩效有负面的影响，因此，保持企业高层管理团队适当的流动性能促进团队的新陈代谢和新知识、新技术、新思维的引进，同时也能激发团队成员的竞争意识，从而提高企业业绩。

4.2　企业高层管理团队冲突的分群效应

4.2.1　企业高层管理团队分群的模式与动因

1. 企业高层管理团队冲突的分群模式

企业高层管理团队因认知差异、利益分配、资本话语权、情感纠葛等因素可能会引起团队内部产生分歧，进而形成冲突，最终导致团队内部冲突各方群体的形成，这种冲突各方群体形成的过程称为分群。基于生态学的基础理论，企业高层管理团队冲突的分群模式可以分为原发性分群模式、衍生式分群模式和裂变式分群模式。同时，这3种模式之间可能相互转化，原发性分群可能转化为衍生式分群，而衍生式分群又有可能转化为裂变式分群（见图4-2），为了研究的方便，将企业高层管理团队视为两个基本群体组成。通常情况下，原发性分群现象主要出现在企业成长期，而衍生式分群模式和裂变式分群模式主要出现在企业成熟期和衰退期。

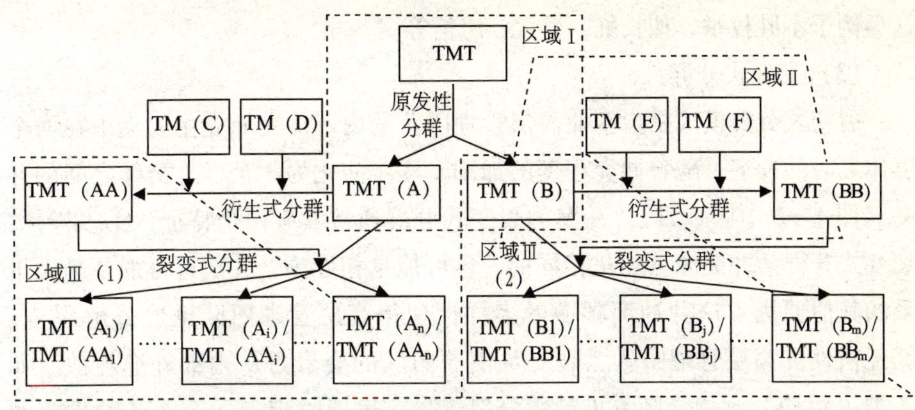

图4－2 企业高层管理团队冲突的分群模式

（1）原发性分群。

原发性分群是指企业高层管理团队内原先就存在两个群体，只不过初始状态下，这两个群体本无冲突，后来由于诸多原因自发形成内生力量，从而导致两个群体发生冲突（图4－2中区域Ⅰ）；所以，原发性分群是指分群在先，冲突在后。冲突的原发性分群通常具有两个特征：①根植性。初期形成的分群形式将深深地嵌入高层管理团队的关系网络中，群体间的相互依存或对立的关系可能长期对高层管理者的行为进行约束和控制。②聚集性。初始的原发性分群可比作两个群首，高层管理团队中的其他成员有可能会被这两个群首所吸纳，从而形成规模较大的群体。如2005年6月，世界知名的通信设备制造商北电网络公司总裁兼首席营运官（COO）加里·戴肯特由于和CEO欧伟博意见分歧而辞职，他们加盟北电不足两个月，在原发性冲突发生的时候，他们就采取了离职这一最极端的分群模式。

（2）衍生式分群。

衍生式分群模式是指企业高层管理团队的内部冲突原先表现为个体与个体之间的冲突，在持续的冲突过程中陆续有其他个体加入，导致个体之间的冲突群体化（图4－2中区域Ⅱ）。冲突的衍生式分群通常具有两个特征：①延拓性。衍生式分群通过扩散、传播等方法将个体与个体之间的冲突扩展到更多的个体之间，从而在企业高层管理团队内部形成内生式增长效应，使得群体的规模逐渐扩人。②共生性。群体中新加入的个体与初始个体形成了一个共生群体，从某个群体内部来看，这些个体之间还具有互补关系与协作关系。企业高层中的帮派现象就是一个起源于两人冲突的衍生式分群现象，这类例子不胜枚举，如长虹、盛大、海信等。

（3）裂变式分群。

裂变式分群模式是指企业高层管理团队的内部冲突原先主要集中在两个群体之间的冲突，随着冲突程度的加剧，逐步演化为3个以上群体之间的冲突（图4－2中区域Ⅲ）。冲突的裂变式分群通常具有两个特征：①多样性。裂变式分群的冲突源可能是相同的，也可能是相异的，甚至有可能是毫无干系的其他原因。这种冲突根源的多样性使得高层管理团队迅速分解裂变。②耗散性。高层管理团队“裂变”使原团队的凝聚力从内部外逸耗散。如各类“跳槽”现象，随着人员的分裂流失，也同时带走了企业各种重要的知识、技术与信息资源。裂变式分群的典型例子为：家族企业的权杖传递过程中，家族成员逐渐开始裂变，为了获得企业的经营权和控制权而相互独立成群。

由上述分析可得3类企业高层管理团队冲突的分群模式比较表（详见表4－3）。

表4－3　企业高层管理团队冲突的分群模式比较表

分群模式	群体规模	主要形成时期	特征
原发性分群	小	成长期	根植性、聚集性
衍生式模式	较大	成熟期、衰退期	延拓性、共生性
裂变式模式	大	成熟期、衰退期	多样性、耗散性

2. 企业高层管理团队冲突的分群动因

（1）价值响应动因。

随着市场经济的发展，自我价值得到了空前的弘扬，自我实现备受关注，个人欲望、个人需要和个人利益受到了社会上的普遍重视，而义务观念与风险精神也逐渐被削弱了。这种社会行为趋向的转移和社会价值取向的急剧变化，动摇了群体价值观。因价值观的差异，高层管理者不能响应团队的价值取向时，分群就有可能产生。

（2）权利联盟动因。

企业高层管理团队之间的冲突以及高层管理者之间的微妙关系，从本质上来讲，不外乎是追求权力和利益的角逐关系。当面对企业战略决策时，面对共同利益困境或共同背离困境的团队成员们有可能通过权力联盟的方式进行利己主义的合作式分群，从而形成不同的利益群体。然而，这种联盟关系非常的敏感和脆弱，相互依存的发展产生了“新的”权力源泉，建立在敏感性与脆弱性基础上的联盟，其关系维系时间不会很长，这类分群后的群体本身也不稳定。

（3）人性释放动因。

人性需求是人类所有活动的原动力，但资源的有限性限制了人性需求的实现程度，随着科学技术的进步，人类的经济生活方式发生了改变，从而带来经济规则的变化，导致组织形态不断演化博弈，优秀的组织生存并繁衍下来，同时也为了更好地满足人性的需求，这就是人性释放理论（见图4－3），人性释放是组织演化的基本驱动力[72]。企业高层管理团队冲突的分群是团队组织分化的一种形态，它来源于团队成员的人性需求的表现和生活方式的变化，如认知方式、人格特质、工作方法、应变方式等。通过这种人性的组织释放过程，处于冲突环境中的高层管理团队将形成新的组织单元，即分化后的群体。

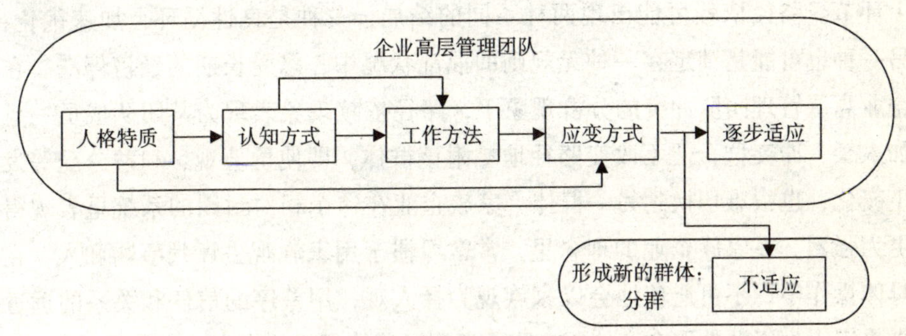

图4－3　分群的人性释放动因图

（4）预期利益动因。

当企业高层管理团队成员面对企业决策或重要选择时，通常都会估算各方案对其个人收入的预期利益。交易费用理论认为理性经济人具有强烈而复杂的追求自我利益的机会主义倾向，他们会以狡黠的方式追求自身利益的最大化，而不顾及其他经济利益或非经济利益（如地位、权利、名誉等）。显然，理性经济人会选择预期收益高的方案。当团队内各成员的利益期望值不均衡时，就会产生利益冲突，从而团队解体。如何加入已成型的利益群体，对于高层管理者来说关键是看准未来哪个群体可能获胜最多。

（5）被动动因。

处于冲突群外游离状态的高层管理人员，本身并没有加入冲突群的任何动机，但是却有可能被某一群体成员通过各种手段、途径和方法将其拉入该群体。这种加入方式因不具备主动性，所以快速离开该群的可能性也较大，但是退出该群的退出成本则较高。

（6）随机动因。

处于冲突群外游离状态的高层管理人员，随机地、无目的地加入某一冲突群，该成员对所在群体的贡献很小，同理，群体对这位成员来说不具有多强的凝聚力，因此，退出该群的可能性也较大，退出成本较高。

4.2.2 企业高层管理团队分群效应的具体表现

1. 路径依赖效应

路径依赖理论强调历史过程的重要性以及初始选择对未来选择的重要决定作用，其运行机制可以概括为给定条件、启动机制、形成状态、退出闭锁4个环节。路径依赖可能出现两种不同的结局：一种是良性循环，加速优化；另一种也可能是锁定在一种无规则的混乱状况中，忍受长期的经济停滞。在企业高层管理团队冲突的分群现象下，路径依赖现象表现为某团队成员一旦加入某一冲突群，便不改变路径地黏附该群体，即使价值观、利益分配等发生变化，也很难切换到另一群体。家族企业在这个相对封闭的系统里表现得更为强烈。在家族企业的理念里，常常习惯于用家族观去评判事物和人，在具体操作中，不可避免地会以家族观为择人观，用差序的信任和关系的远近来决定人力资源的取舍和使用，防止家族经营管理权的丧失。

2. 锁定效应

企业高层管理团队冲突网络中成员对冲突群的问题通常离不开对切换成本与预期收益的估算，而相关的切换成本通常来源于原系统中利益的损失、新系统中可能获得的利益、原系统中信任的减少程度、新系统中信任的增减度、进入新系统的入场费及原始身份对新身份成长的后期影响等。当存在巨大的切换成本时，成员的初始选择被锁定，因而很难从一个系统（A冲突群）转移到另一个系统（B冲突群）。一般认为，由于切换成本较高，初始选择是非常关键的，一旦某一群体在冲突中占优势，其将在一定时期内保持这种优势，这就是锁定效应。锁定是一个动态的过程，切换成本一般会随时间而变化。通常，当企业高层管理团队中的成员在第一次选择冲突群时就应充分预见到切换成本而尽量避免日后陷入对该群的锁定，而各冲突群的群首则通过预测冲突群的最佳规模来决定对群外高管的投入，承诺各种物质或精神回报来吸引更多的特色个体加入该群。从企业的角度来看，锁定可能带来很多负面影响。冲突群的群首为了个人的目的可能采取一些有损于企业的策略。如在开始利用某些利益或权力来吸引更多的权利盟友，甚至牺牲自身利益，而当这些外来的盟友被锁定后，则较少兑现之前的承诺或因新进成员的更多要求，使得群体继续分裂成更多的冲突群，这也是裂变式分群的具体表现方式。

3. 网络效应

企业高层管理团队冲突的分群使得团队内部的结构与关系更为复杂，信息流成为团队生态系统与网络环境相互协调的驱动力，冲突影响力的大小也与网络成员的数量、结构、竞争状态以及合作状态相关。主要表现为网络效应溢出、成本降低；资源、信息、知识等的共享、互补；适度性竞争有利于保持团队内部组织的灵活性、高效性及创新能力。因网络效应的叠加性与交互性，可发现：（1）在个体影响力无差异的假设下，一个群体在冲突中的影响力，与该群体的人数平方成正比；（2）在个体影响力无差异的假设下，一个群体中单个个体的收益，与该群体的人数平方成正比。

路径依赖效应、锁定效应与网络效应的分析结果表明：网络外部性与正反馈的普遍存在性及冲突网络间较高的切换成本，使得冲突网络中的各成员一旦选择了某一冲突系统，因较高的切换成本，不大可能转移到其他的冲突系统，而常被锁定在原冲突系统中。因此，早期对系统的选择非常关键，早期参与个体的微弱优势可能使占优势的网络在竞争中完全获胜，并最终独占企业的管理层；而当一个网络已经出现明显的规模优势时，该网络中成员的切换成本极大，因此，这部分的成员也不会切换到其他网络；相反，其他网络中的成员可能会冒着较大的切换成本而切换到占优势的网络中。

4.2.3 企业高层管理团队冲突的群间竞争模型

1. 模型构建

假设某企业高层管理团队存在因内部因素而引发的冲突，且仅有两个冲突群，又可称为两个冲突系统，用 S_1 和 S_2 表示[73]。设企业的可支配总资源为 Q，其高层管理团队的总体规模为 T，各冲突群希望达到的最优规模为 T_1 和

T_2。设在 t 时刻，S_1 的规模为 M_1，S_2 的规模为 M_2，团队内部潜在可吸纳的规模为 M_t，则 $M_1 + M_2 + M_t = T$。

另设 R_1，R_2 为 S_1 和 S_2 对冲突群外高层管理者的吸纳能力，R_1、R_2 的取值均为大于0的常数，它等于冲突群的期望产出（D_1, D_2）加上群内成员预期可获得的私利（B_1, B_2）减去支付给群内成员的报酬（W_1, W_2）。R 越大，则对应 S 对外部的吸引力就越大，就会吸引更多管理者加入 S。

根据 Metcalfe 法则（网络外部性）及 Fischer & Pry 模型，可构建关于冲突群间的企业内部资源竞争模型：

$$\frac{\mathrm{d}M_1}{\mathrm{d}t} = (D_1 + B_1 - W_1)M_1\left(1 - \frac{M_1}{T_1} - \sigma_2\frac{M_2}{T_2}\right) \quad (4-2)$$

$$\frac{\mathrm{d}M_2}{\mathrm{d}t} = (D_2 + B_2 - W_2)M_2\left(1 - \frac{M_2}{T_2} - \sigma_1\frac{M_1}{T_1}\right) \quad (4-3)$$

2. 均衡点分析

令式（4-1）、式（4-2）所表示的两个冲突群的增长率为0，即：

$$0 = \frac{\mathrm{d}M_1}{\mathrm{d}t} = (D_1 + B_1 - W_1)M_1\left(1 - \frac{M_1}{T_1} - \sigma_2\frac{M_2}{T_2}\right) \quad (4-4)$$

$$0 = \frac{\mathrm{d}M_2}{\mathrm{d}t} = (D_2 + B_2 - W_2)M_2\left(1 - \frac{M_2}{T_2} - \sigma_1\frac{M_1}{T_1}\right) \quad (4-5)$$

得到4个均衡点：

$G_1 = (0, 0)$

$G_2 = (0, T_2)$

$G_3 = (T_1, 0)$

$G_4 = [T_1(1 - \sigma_2)/(1 - \sigma_1\sigma_2), T_2(1 - \sigma_1)/(1 - \sigma_1\sigma_2)]$

其中，G_2 和 G_3 表示团队内部的某一冲突群消灭了另一冲突群，最终只有一方获胜，一方幸存。G_4 是一个均衡点，也可能是一个鞍点，现实中 σ_1、σ_2 是随时间的变化而变化的，因此经过长时间的竞争之后，平衡仍旧会被打破，G_4 点最终还是会回落到 G_2 或 G_3 点。由于 σ_1、σ_2 随时间的变化而变化，其变化使得 G_4 点很难处于一个均衡稳定的状态。

当某高层管理人员在两个冲突群之间进行选择的时候，作为理性经济人的他一定会选择能给其更大收益的那个冲突群。因此，可以将切换到所选择冲突群的另一方的切换成本视为选择该冲突群的收益，可定义两冲突群之间的冲突能力为所选冲突群的收益与所选冲突群对手方的收益之比：

$$\sigma_1 = \frac{B_1 + SC_2}{B_2} \quad (4-6)$$

$$\sigma_2 = \frac{B_1 + SC_1}{B_2} \quad (4-7)$$

式（4-6）、式（4-7）中，B_1、B_2 为冲突群 1 和冲突群 2 中成员的收益平均值，SC_1 和 SC_2 分别为切换到冲突群 1 和切换到冲突群 2 的切换成本。假设：两冲突群存在正外部效应，则由 Metcalfe 法则可假设冲突群中的高层管理人员的平均收益为：

$$B_1 = a_1 + b_1 M_1 + c_1 M_1^2 \quad (4-8)$$

$$B_2 = a_2 + b_2 M_2 + c_2 M_2^2 \quad (4-9)$$

这里 a_1、a_2、b_1、b_2、c_1、c_2 均为正实数，且 $b_1 \gg c_1$，$b_2 \gg c_2$。将式（4-8）、式（4-9）代入式（4-6）、式（4-7），可得：

$$\sigma_1 = \frac{(a_1 + b_1 M_1 + c_1 M_1^2) + SC_2}{a_2 + b_2 M_2 + c_2 M_2^2} \quad (4-10)$$

$$\sigma_2 = \frac{(a_2 + b_2 M_2 + c_2 M_2^2) + SC_1}{a_1 + b_1 M_1 + c_1 M_1^2} \quad (4-11)$$

根据上述公式可知，σ_1、σ_2 之间的关系取决于两冲突群中高层管理人员的人数和相互间的切换成本。如果某冲突群的领袖试图采取某些诱人的方式改变原先的切换成本，或者通过某些激励策略吸引更多的群外高层管理人员进入该群，都有可能比冲突群的竞争方获得更有利于自己发展方向的优势力量。

4.3 企业高层管理团队冲突的风险效应

4.3.1 企业高层管理团队冲突的风险促发效应

企业高层管理团队冲突的生命周期可以简单地分为 3 个不同的时期，分别为冲突前期、冲突中期和冲突后期，以冲突行为的爆发与结束为各时期间的分割线（见图 4-4）。在每个时期，企业高层管理团队的众多冲突因素都有可能促发不同的风险，具体可以分为 3 种促发效应，包括冲突前期的目标分歧促发、冲突中期的行动对抗促发以及冲突后期的结果不确定性促发。

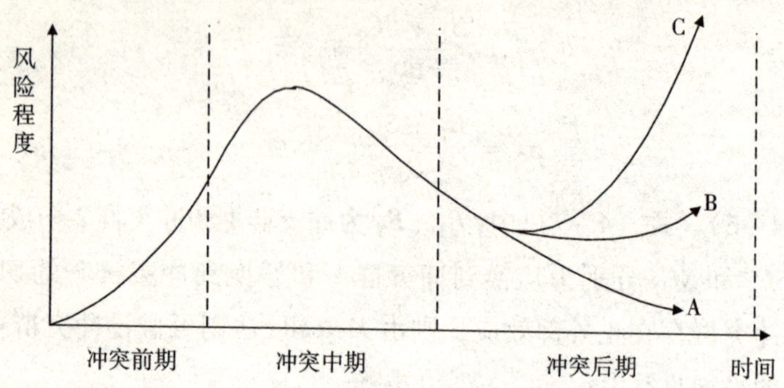

图4－4　企业高层管理团队冲突后期的风险趋势

（1）目标分歧促发。

目标分歧通常是企业高层管理团队产生冲突的一个主要方面。当企业高层管理团队中的某些成员或者团队中的某一小团体形成了他们所崇尚却与企业目标或者其他成员所追求的目标不相一致的小集体目标或意识时，这些目标相互之间的相互冲突将引发企业高层管理团队内部的政治冲突。大部门企业高层管理者或小团体倾向于慢慢地、静悄悄地、不被人发现地积累他们的反对态度，很少在冲突因素刚出现的时候就直接进入冲突的第二个时期的。因此，冲突水平的曲线在冲突前期是处于一个缓慢上升的过程，然而，在这个曲线斜率不断增大的过程中，风险却悄然而生。在这个时期，如果高层管理团队能够及时地发现、准确地预测冲突的因素并采取适当的措施，则由目标分歧所导致的潜在激烈冲突和有可能产生的巨大风险都可在早期较容易避开。不恰当的争执、利益或权力的分配以及信息不对称都可能成为促发冲突升级的前因变量。

（2）行动对抗促发。

冲突行为是当高层管理人员知觉或感知到冲突存在后所采取的一种对抗性行为，该行为通常发生在冲突中期。在这个时期，高层管理团队中的某成员或者某一小团体可能会采取一些有意的对抗行为来阻止其他成员或者其他团体的利益目标。这些行为可以从非常微妙的、间接的、高控制下的各种干预形式到公开性的诸如争吵、争论、大喊大叫、咆哮、敲桌子、威胁、打架等不同程度的挑衅行为，甚至是工作以外其他方面的持续攻击。因此，这一时期冲突曲线的斜率变得非常的陡峭，直到某一特殊的冲突事件将整个冲突曲线提升到顶峰。冲突各方产生的对抗行动是存在成本的，但不一定会给企业或团队带来效益，有时候一些极端的冲突行为甚至会给企业带来致命的打击。

(3) 结果不确定性促发。

在冲突后期，当所有涉入冲突的高层管理团队成员或小团体都艰难地度过冲突曲线的顶峰之后，那些已发生的冲突仍可能导致企业各项活动、行动和计划的结果更具不确定性，导致结果不可预测和不可控制。当实施有效的冲突管理后，冲突水平及风险程度可能都会迅速下降，沿图4-4中的冲突后期象面的A曲线方向向下延伸；当冲突控制措施对冲突事件无效时，冲突水平及风险程度可能都会持续一个相对变化不大的高度，沿图4-4中的冲突后期象面的B曲线的方向水平延伸；甚至也有可能因某些带催化效果的因素使得风险程度比以往更高，因此，冲突或风险曲线将沿着图4-4中的冲突后期象面的C曲线向上延伸。这些带催化效果的因素可能是高层管理者或小团体成员的心理变化、有目的地在重大项目上面故意做错决策、离职等，这些因素促发下的风险将给企业带来巨大的损失。

4.3.2 企业高层管理团队冲突的风险传递效应

在这一部分中，将研究企业高层管理团队冲突所促发风险的传递途径、模式和效应。假设企业高层管理团队的冲突元胞是指最原始的冲突方与冲突关系，即高层管理团队某冲突个体或某冲突局中方，他的或者他们的不满情绪、冲突因素以及风险都有可能按照不同的路径或者模式传递到其他的冲突局外人或冲突局外方，随着冲突的传递，最终会随着冲突元胞的增大及冲突局中人或局中方的增加，原始的冲突将会形成非常显著的风险效应。企业高层管理团队冲突的风险传递效应可被定义为：由于企业高层管理团队的冲突而导致冲突主体与风险主体的数量增加、影响面扩大，包括聚集式传递、衍生式传递、裂变式传递和模仿式传递4种效应。

(1) 聚集式传递。

这种冲突的聚集式传递效应是指由于原来的局外人的不断加入，导致冲突元胞的局中人不断增加、使得冲突各方势力增加的现象，而原有的主体方的数量不变。假设A和B为高层管理团队原始冲突元胞的局中人或局中方，而局外人或局外方C获取了冲突源的信息，此时的C可能采取3种对待冲突的态度，要么支持A，要么支持B，要么对该冲突时间表示漠然。假定C采取的是前两种态度中的一种，则可以类推到高层管理团队中尚未涉足冲突事件的其他局外人或局外方D、E、F，假设C、D、E、F都只能采取要么支持A或要么支持B的态度，因此，支持A或支持B的原始支持者规模将被扩大，并聚集在原始冲突元胞的周围，原始的冲突因素和关系可能并未改变，然而最终的冲突元胞则具有比原始元胞更强大的对抗力量，如图4－5所示。例如，当原始冲突发生在董事长和总经理之间时，随着消息散布到董事会和高级职业经理当中，最终，原始的个人层面的冲突可能演变成董事会和职业经理人两个团体之间的冲突。

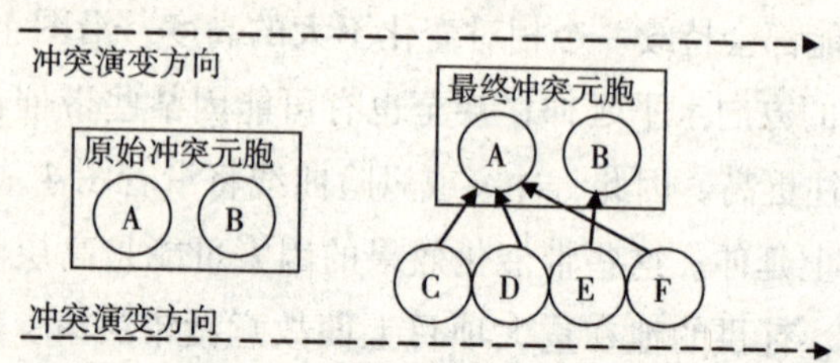

图4－5　企业高层管理团队冲突的聚集式传递

（2）衍生式传递。

这种冲突的衍生式传递效应是指原来的n方冲突演变为n＋m方冲突，而其中新增的m方并不是从原来的n方中产生的。与聚集式冲突效应不同的是，衍生式传递效应不仅扩大了原始冲突元胞的个数，而且还激发了更多冲突事件，有更多的高层管理人员被牵扯进来。假设冲突元胞的原始个数为n，历经衍生式传递之后，更多相关的冲突事件发生了，且更多的高层管理人员陆陆续续地被牵扯进来，导致冲突元胞的个数不断地扩大。假设后加入冲突元胞的个数为m，则此时冲突元胞的总个数为n＋m个。企业高层管理团队冲突的衍生式传递效应可能会给企业带来不可预估的巨大损失，如图4－6所示。

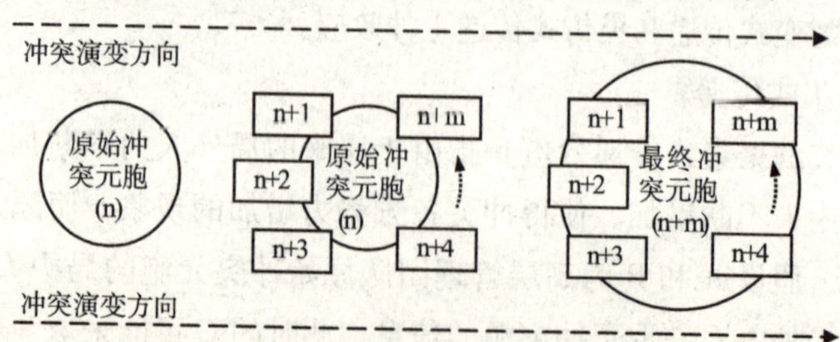

图4－6　企业高层管理团队冲突的衍生式传递

（3）裂变式传递。

这种冲突的裂变式传递效应是指原始元胞中 n 方中的一方或数方中分裂出 M 方（n + M）。如图 4 －7 所示，原始冲突元胞中的 B 方继续内部分裂成 C、D、E，则冲突元胞的规模扩大到 A、B、C、D、E。即假设原始冲突元胞中的某方裂变成了 M 个组成部分，那么冲突元胞的规模就增加到了 n + M 个，此时，冲突不一定仍在企业高层管理团队内部，很可能延伸到了中层管理层，甚至继续延伸到基层管理层。例如，首席信息官将原始冲突的消息从高层管理团队传到了信息部的中层管理团队，则信息将继续散布到与冲突源利益相关的基层管理层，原始冲突元胞的规模将呈指数增长，这也是裂变式传递效应的惊人之处。

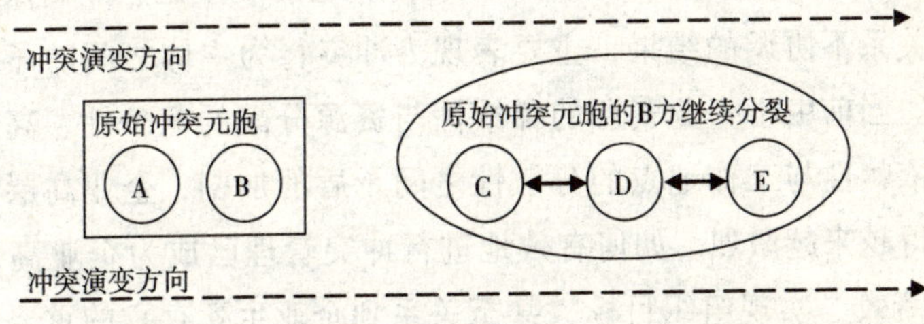

图 4 －7　企业高层管理团队冲突的裂变式传递

（4）模仿式传递。

这种冲突的模仿式传递效应是指企业的其他成员由于模仿或企业文化恶化的示范效应而产生新的冲突。假设冲突元胞的原始数量为 n，而 N 则是通过模仿引起的新的冲突，因此最终冲突的规模是 n + N。例如，当消极冲突处于无法控制的时候，很可能引起类似的冲突问题，并给企业带来持续的风险。

第5章　企业高层管理团队冲突管理的体系与策略

5.1　企业高层管理团队冲突的管理体系

冲突是企业高层管理团队中的常见行为，它的发生是企业高层管理团队内部某些关系不协调的结果，主要表现为冲突行为主体之间的矛盾激化和行为对抗。当前由于企业资源的稀缺性与资源分配的竞争性、高层工作内容的专业依赖性与工作地点的分散性之间矛盾的加剧，企业高层管理团队的冲突变得越来越激烈。如何有效地进行冲突管理已成为企业高层管理者提高组织绩效、实现组织目标，甚至关系到企业生死存亡的重要任务。因此，建立一套完整且行之有效的高层管理团队冲突管理体系是十分必要的。

5.1.1　企业高层管理团队冲突的管理原则

企业高层管理团队冲突的管理原则包括以下5个方面。

1. 公平原则

按照Adams的公平理论：当一个人作出了成绩并取得了报酬之后，他不仅关心自己所得报酬的绝对量，更关心所得报酬的相对量。因此，他要进行种种比较来确定自己所得报酬是否合理，比较的结果将直接影响今后工作的积极性。然而，在日常的企业高层管理团队运作过程中，公平原则往往被忽视。高层管理团队成员权力分配不当、权力虚实不当、权责不明等问题非常普遍地存在于现代企业中，以致高层管理团队成员之间缺乏必要的理解和沟通，协调配合差，工作积极性不高，团队运行缺乏效率。如何把握公平原则，充分调动高层管理团队每名成员的积极性，成为企业高层管理团队冲突管理工作的首要问题。公平原则包括程序公平、分配公平、互动公平，与团队成员的满意度呈正相关关系。在企业冲突发生的时候，难免要涉及不同个体或群体的利益。企业领导要以实事求是为依据，查明冲突发生的前因后果，做到奖惩分明；坚决杜绝掩盖、包庇等不公平不公正现象出现。在企业高层管理团队的冲突管理工作中，必须遵循公平原则，认真做到程序公平、分配公平、互动公平，只有在这种公平的环境和氛围中，企业高层管理团队才能发挥最大的效能。

2. 合作原则

企业高层管理团队的发展基于团队成员间的有效合作，合作原则的基础是双方的相互信任和互利。这是一种双方相互依赖的联合行动。合作原则是增强团队凝聚力、提高团队绩效、发挥团队效能的必要条件，对冲突进行管理可以认为是为了团队更好地合作，因此，合作原则是冲突管理的终极目标。由于团队成员的技术专业背景不同、职业经历有所差异，团队合作所带来的效能并非诸成员能力的简单相加，而是通过团队成员间的相互联系和相互作用可以产生功能放大的现象。企业高层管理团队冲突管理的合作原则还需要建立协调与沟通机制来促使团队成员从无序进入有序状态，然后通过进一步的组织协调使团队成员产生一致的合作行为。在此基础上，彼此要建立信任机制，信任机制使由制度约束而来的初级合作深化，使合作成为每个成员自然而愉快的需求，合作行为产生了质的变化，真正的企业高层管理团队协同行为出现。

3. 尊重原则

企业高层管理团队中很多冲突都表现为高层管理人员对自身参与企业战略决策的意见未受到重视而引发的情绪冲突，由于企业高层管理团队不同的知识、技能、性格、风格、偏好等个体差异所带来的多种形式的冲突，以及忽略事实注重个人利益所造成的利益冲突等。因此尊重参与过程、尊重个体差异及尊重事实构成了冲突管理尊重原则的 3 个维度，是冲突管理的前提条件。团队在工作或决策中，要想防止和处理冲突，在所有过程中尽可能地尊重参与过程是非常必要的。尊重成员的参与，尊重他们的投入，这样更能便于决策的执行，发现决策失误，必会自动加以矫正。具有团队精神的高层管理团队能够承认并尊重团队成员的个体差异、不同的工作风格，在工作中，善于取长补短；作决策时，力求集思广益，绝不简单地附和。尊重事实是一切工作开展与执行的准则。以事实为准绳可减少讨论中“人”的因素；把决策奠基于事实，可以创造一种强调议题而非人身攻击的文化。

4. 共识原则

由于团队系统中的每名成员都可以被认为是“理性复杂人”，因此只有当团队的目标、价值追求与个人的目标与价值观相一致时，采取团队行动比采取个人行动更能满足自身需要时，才会产生团队行为。企业高层管理团队冲突管理的共识原则是团队冲突管理的向心力，包括目标共识和价值共识。目标共识要求企业高层管理团队成员朝着同一企业目标努力。当团队成员都朝着共同目标努力时，比较能把个人成败置之度外，因而更能正确理解别人的意见，并从中学习。

5. 效率原则

效率原则包括实效原则、成本原则和有效原则。在冲突管理过程中特别要注意因无法有效控制冲突过程所带来的机会流失、成本代价和低效损失。冲突发生的同时，企业领导需要合理分析，在辨别冲突性质类型之后，要及时、迅速地采取最佳处理方案，以防破坏性冲突事态得到不良蔓延，进而影响到整个组织的正常运行。因此，冲突管理需要控制好冲突事件的起止时间、最大最小成本允许范围以及企业最低能承受的团队效能。持续的情绪冲突、过度的认知冲突及低效的冲突管理方式都有可能导致冲突过程漫长无止境。破坏性冲突的发生通常会伴随高额的智力、关系、资金成本，如某一位高层管理者的离职可能导致一拨高层管理者的集体跳槽，同时还会带走其下战略伙伴关系的客户群，并可能将专业技术一并带走。有效的冲突管理能及时地抑制破坏性冲突的恶化，并迅速消灭冲突所带来的损失，而低效的冲突管理可能治标不治本，甚至有可能使冲突升级，因此，必须以效率原则作为检验冲突管理是否有效的标准。

公平原则、合作原则、尊重原则、共识原则和效率原则构成了企业高层管理团队冲突管理原则的5个方面，如图5－1所示。其中，公平原则是冲突管理的基石；合作原则是冲突管理的终极目标；尊重原则是冲突管理的前提条件；共识原则是团队冲突管理的向心力；效率原则是检验冲突管理是否有效的标准。在复杂多变的企业冲突现象中，这些原则方法应当是相互联系，相互融通，绝非是孤立、单一的限制性框架。

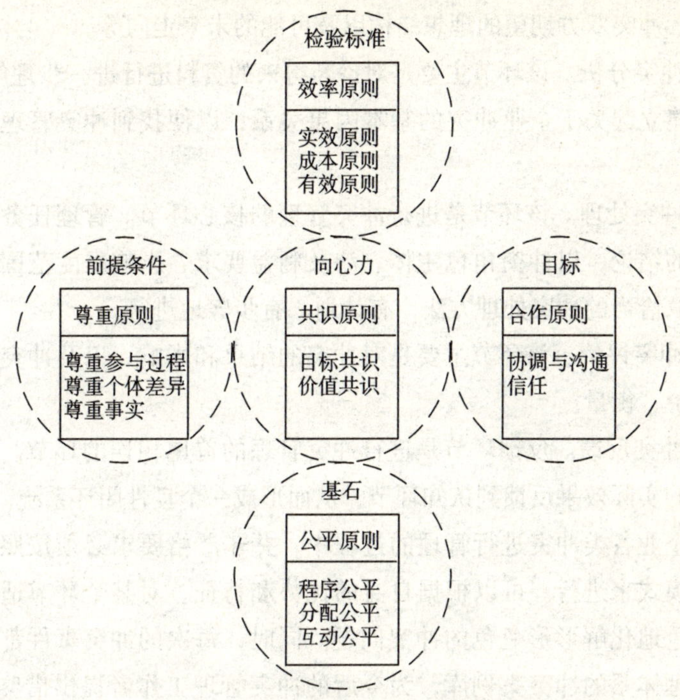

图 5-1　企业高层管理团队冲突的管理原则

5.1.2　企业高层管理团队冲突的管理过程

著名冲突管理学家 Rahim 认为冲突管理具有 3 个职能：防范大规模破坏性冲突的发生；使已发生的冲突的潜在损失最小化；充分利用现有冲突可能带来的好处[74]。因此，冲突管理绝对不是简单的“灾害控制”，而是现代和谐管理理论、人本管理理论在企业管理过程中的具体实施。对企业高层管理团队冲突进行管理的过程包括冲突认知环节、冲突诊断环节、冲突分析环节、冲突处理环节、冲突评价环节和冲突反馈环节 6 个环节，这 6 个环节要素构成了一个开放性的闭环系统，并且相互影响和制约。

（1）冲突认知。冲突认知环节是进行冲突管理的最初环节。此环节的重点是明确冲突发生的对象主体、条件原因、发展趋势以及冲突主体之间的对立和依赖关系。

（2）冲突诊断。该环节是进行冲突管理的发展环节。本阶段的管理重点是识别、分析、判断冲突的具体形式，冲突发生的层面，冲突过程中双方的角色态势，冲突双方期望的理想结构以及可能的未来走向等。

（3）冲突分析。该环节主要是对诊断得来的资料进行进一步理解、深化，通过分析建立起关于企业冲突的基本因果关系，以便找到冲突管理的基本要点和思路。

（4）冲突处理。该环节是进行冲突管理的核心环节。管理任务重在根据诊断环节的结论，以冲突角色主体、涉及利益要求、影响程度范围等为处理要点，选取恰当的冲突处理方法，有计划、有步骤地进行。

（5）冲突评价。该环节主要是对冲突的结果和影响，以及冲突管理的成效进行评价、衡量。

（6）冲突反馈。反馈环节是进行冲突管理的首尾相连的环节。主要是将处理冲突的实际效果反馈到认知环节，从而形成一个良性闭环系统。

在对企业各类冲突进行管理的过程中，并非严格要求必须按照上面这个冲突过程模式来进行。可以根据自身的优势和特征，对某个环节适时调整和决策，出色地化解形形色色的冲突问题。同时，每次的冲突事件都应归入企业冲突管理体系的冲突案例库，为今后的冲突管理工作者提供借鉴。企业高层管理团队冲突的管理过程示意图如图5-2所示。

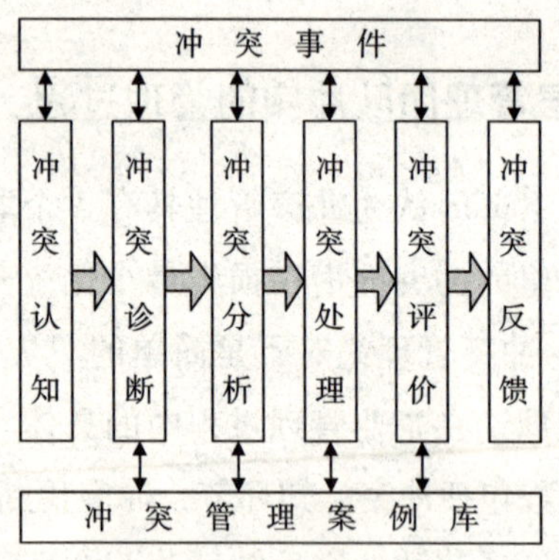

图5-2　企业高层管理团队冲突的管理过程

5.1.3　企业高层管理团队冲突的管理方法

冲突管理是一个跨学科的研究领域，内容相当广泛。单就管理学而言，冲突管理贯穿于其理论体系中的领导学、战略管理、企业文化、人力资源管理、组织行为学等领域之中。无论从何角度、何学科来研究冲突问题，冲突管理的基本理念和思想方法都应当是相通或一致的。由于冲突管理具有很强的实践性，在实际的管理工作中，冲突管理者经常碰到的问题是如何预防和解决破坏性冲突和鼓励建设性冲突的产生。本节提出了预防企业高层管理团队破坏性冲突的FACE组合法与鼓励建设性冲突的TEAP组合法，如图5－3所示。

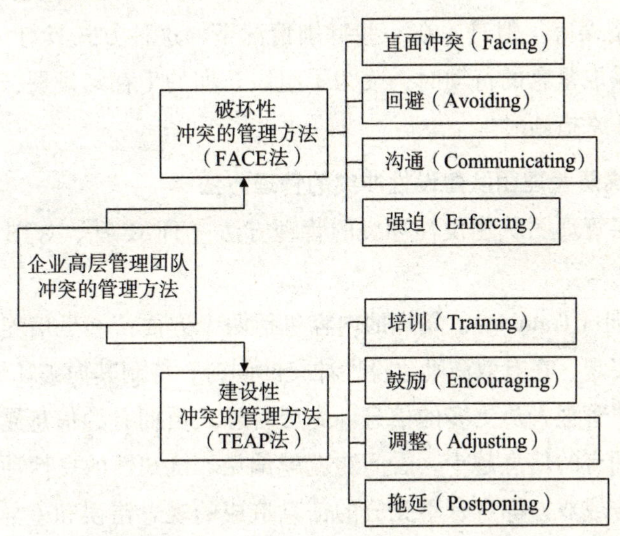

图5－3　企业高层管理团队冲突的管理方法

1. 企业高层管理团队破坏性冲突的管理方法

企业高层管理团队破坏性冲突的管理方法（FACE法，如图5－3所示）包括：

（1）直面冲突（Facing）。有时，冲突需要直接面对，需要冲突各方直接摊牌，进行情况说明和辩论，所谓真理越辩越明。首先，作为企业高层管理团队的领导者和团队本身如何认识、看待、评价既定的冲突，是一个非常重要的方面。其次，需正视冲突、判定冲突的性质程度；有些冲突是需要不失时机地及时解决，而有些冲突可暂时放置并进一步观察。

（2）回避（Avoiding）。回避是指在冲突的情况下采取退缩或中立的倾向，有回避倾向的管理者不仅回避冲突，而且通常担当冲突双方的沟通角色。

（3）沟通（Communicating）。应通过沟通找到双方的分歧所在，并通过协调冲突动因之间的关系来说服双方理解、接受彼此的分歧或矛盾，从而达到消解冲突的目的。

（4）强迫（Enforcing）。强迫是指利用奖惩或激励的权力来支配他人，迫使他人遵从管理者的决定。在一般情况下，强迫的方式只能使冲突的一方满意。经常采用此种管理方式来解决冲突是一种无能的表现，有此倾向的管理者通常认为冲突是一方输另一方必然赢；当处理高层管理团队冲突的时候，采用这种解决冲突的管理方式往往会导致负面的效果，如辞职，在工作中故意出现重大错误等。但是，在一些特别情况下，这种方式具有一定的作用，如必须立即采取紧急的行动时，或为了组织长期的生存与发展，必须采取某些临时性的非常措施时。

2. 企业高层管理团队建设性冲突的管理方法

企业高层管理团队建设性冲突的管理方法（TEAP 法，如图 5－3 所示）包括：

（1）培训（Training）。培训的内容包括两个方面：一是培养高层管理人员正确的冲突观，在有效激励建设性冲突的同时，抑制其向破坏性冲突转化；二是提供高层管理人员更多的信息。高层管理人员拥有的信息越多，看问题就越准确；拥有的信息越少，看问题就越偏见。认知性的良性冲突是由于双方中的某一方或双方都占有不充分的信息造成的观念错误和差异，在这种情况下，应该设法让双方获得更多的信息，从而达成双方的意见一致。

（2）鼓励（Encouraging）。有直接鼓励和间接鼓励两种形式。直接鼓励要求当众表扬冲突各方的新观点、新建议、新思想。间接鼓励是对一个冲突的高官人员不揭露、不表态，在潜移默化或时过境迁中解决问题。

（3）调整（Adjusting）。企业高管人员长期占据某个位子，会掩盖岗位和工作中的许多矛盾，高管的积极性也会萎缩。因此应对高管人员的岗位进行动态调整，只有这样才能使问题暴露，才能促使一些建设性冲突的发生。

（4）拖延（Postponing）。适当拖延解决冲突的时间，让冲突更加明朗化。拖延有时也是解决高管人员冲突的一种有效办法，可有利于使冲突各方淡化冲突。

总之，冲突在企业高层中不可避免，对冲突管理者而言，一方面要正视冲突，看到它对组织绩效的两面性，创造和引导积极冲突，重视冲突的过程管理，不要把冲突管理完全等同于冲突的事后管理；另一方面不能把冲突管理完全寄希望于冲突人员的主观努力，而是要在组织的层面寻求解决的方案，形成积极应对冲突的组织机制和组织文化，这样才能从根本上更好地应对冲突。

5.2　企业高层管理团队冲突的管理策略

企业高层管理团队的冲突管理是一个动态过程，是一个系统模式。冲突管理策略，是冲突双方在面对冲突时采取的行为倾向。在冲突的处理阶段将运用到冲突的管理策略，而对冲突管理策略的选择和运用是决定冲突管理是否有效的关键。这里基于前人研究成果，提出了 3 种冲突管理策略。

5.2.1　高层管理团队冲突的正向激励策略

当企业高层管理团队内部冲突过多时，应尽量预防和减少冲突；当冲突过少时就应该鼓励冲突，若企业高层管理团队出现冲突过少而死水一潭，则冲突管理者便应该采取正向激励策略有效激发良性的冲突。适度的冲突加上合理的管理，将使高层管理团队具有活力，能够自我反省，自我调整，不断创新。

其中的要点：一是要鼓励冲突。即要认可持反对意见、不同意见的高管，鼓励其从不同角度提出新思路、新办法。二是要有效沟通。要通过沟通鼓励高管人员将自己的想法说出来。三是要竞争激励。即通过竞争来引发高管人员的良性冲突。

同时，还须大力推行人本激励，人本激励是指以各种不同方式影响人们的内在需要或动机，从而引导和鼓励人们出色地完成规定目标，不断提高工作绩效，具体包括信任激励、职务激励和情感激励。信任激励有助于企业高层管理团队成员之间的和谐共振，有助于团队精神和凝聚力的形成。只有建立在信任基础之上的团队成员互动，才能最大程度地发挥高层管理者的主观能动性和创造性。职务激励主要用来满足成员工作成效和职业生涯发展、地位提升的激励机制。企业领导应把握实际需要、扬长避短，及时地提拔重用，以免打击了优秀高层管理人员的积极性，不能因个人自身的私利，而对身边的人才视而不见、置之不理，压制和埋没人才只能使企业蒙受损失。企业领导通过情感激励策略对高层管理者事业上的挫折、感情上的波折、家庭上的裂痕等各种疑难病症给予及时治疗和疏导，以建立起正常、良好、健康的人际关系，营造出一种相互信任、相互关心、相互体谅、相互支持、互敬互爱、团结融洽的工作氛围，切实培养团队成员的合作精神，增强对企业的归属感和凝聚力。

5.2.2 高层管理团队冲突的文化调试策略

企业高层管理团队冲突的发生、发展、升级、收敛、结束都离不开企业文化的影响，恰当地通过企业文化调试来反作用于高层管理团队冲突的过程也能够引导冲突发展的方向和程度。恰当的文化调试策略包括文化与战略协同策略和关系与伦理应对策略。

对于具有创新精神的企业战略，可能由于其思想与现有企业文化不一致，会受到企业文化的严重阻碍。因而，对改变现有企业文化的认同将成为提升企业文化环境的关键战略要素。对此，企业高层管理者必须做好充分的思想准备，明确提出企业战略管理需要怎样的文化，根据行业性质、本企业的情况、职工文化素质等情况，制定适当的措施，使企业全体员工在创造怎样的企业文化上达成共识，然后有意识地加以引导，妥善处理好企业文化变化因素的作用，实现企业文化的大调整，从而使企业在文化环境方面占有优势。

在高层管理团队的文化调试策略中，文化认同、文化整合十分重要。文化认同是指识别和认可文化差异，且对不同的文化予以接纳。文化整合是指不同的文化相互交融，不同文化背景的高管人员相互学习。

通过对文化差异的识别，通过敏感性的训练及其他方面的培训，通过良好、有效的沟通，公司企业高层管理者提高了对文化的鉴别与适应能力。这时，企业在文化共性认识的基础上，根据环境的要求和企业战略的需求建立起企业的共同经营观，建立起以企业价值观为核心的、强有力的企业文化。新兴的企业文化既要有足够的包容性，也要有创新性。唯有这样，方能减少文化摩擦，使得每位高层管理人员能够主动地把自己的思想与行为同企业的经营业务与经营宗旨结合起来，在企业建立起一种和谐的氛围。完美的和谐仅存在于那些企业与其每一个利益相关者的主要目的一致或至少是相容的地方。因此，只有建设人本文化，树立人本主义管理思想才是企业经营成功、实现预期目标的有力保证。

5.2.3 高层管理团队冲突的适度干预策略

对高层管理团队的冲突，应进行充分的分析以判定该冲突是否需要进行干预。当这种冲突具有浓厚的情感因素，或者冲突行为表现出很严重，或者冲突可能会导致重大的后果时，可以考虑给予该冲突以干预。

企业高层管理团队的干预应注意度和方式，其策略主要有强制策略、隔离策略和调整策略。

（1）强制策略。这往往由职位或权威、资历比冲突当事人高的管理者运用自己的职权或权威对冲突进行裁定并勒令冲突方遵照执行，从而解决冲突。实践中主要由董事长或总经理按照“下级服从上级”的原则，强迫其他陷于冲突中的高层管理人员强制执行。例如，当各部门经理在争夺公司有限的资源时，往往由总经理最后决定资源的分配。一般情况下这种方法只能解决眼下的冲突，而不能从根本上解决问题，故应慎用。但是，在特殊情况下，或是为了平息事态，或是为了不失时机地完成某项任务，可以也必须当机立断采取措施解决冲突，注意事后一定要做耐心细致的解释和思想工作。当冲突双方敌视情况严重，并且冲突的一方明显的不合情理，这时应采用上级仲裁法，由上级直接进行仲裁比较合适。

（2）隔离策略。有些冲突是由于冲突各方接触频繁而引起的或加剧的，此时，把冲突方予以隔离，减少其见面的频率或机会，会有利于冲突的解决。例如，当两个高管人员发生冲突时，可将一方调离原岗位，或解聘其中的一方。

（3）调整策略。是指对企业的原有流程或原有制度进行调整。对流程的调整主要解决流程上有上下游关系人员的冲突。冲突的原因多为下游对上游的工作质量或进度不满，如部门经理对总经理对其设的重视程度感到不满，再如总经理对董事长对其的薪酬标准表示不满。冲突的根源下游人员认为上游影响了其利益，如果流程内职责不清又可能导致了下游推诿、扯皮，甚至相互指责。有时冲突是由于制度不合理而导致的，因此可调整制度，使不同高管人员的责任和责任关系更清晰，职责更明确，减少制度漏洞和制度性摩擦。

企业高层管理团队冲突的管理策略可以归纳于图 5－4。值得注意的是，无论使用何种干预方式，都必须以增进人们之间的相互理解、提高企业绩效为目的。如果脱离了这一目的，即使在具体操作方法上再高明也不会带来成功的冲突管理。

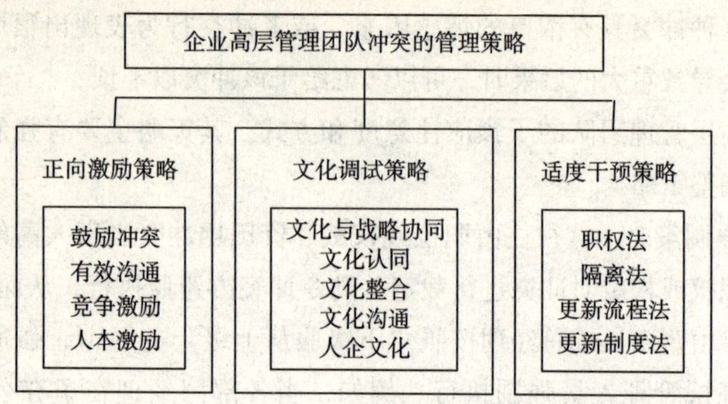

图 5－4　企业高层管理团队冲突的管理策略

第6章　企业高层和谐管理团队建设

6.1　企业高层和谐管理团队的理论溯源

在中国古代，和谐管理思想源远流长[75]。“和”，原始含义指乐器和声音的相应和谐，其构成宇宙万物的本质以及天地万物生存的基础；“谐”，则指音韵的和洽，可寓意为协调关系或适当状态。“和谐”联用意指适当、适中和协调；古代的朴素和谐观强调了一种有价值的普遍的和谐关系。

老子提出“万物负阴而抱阳，冲气以为和”。老子以“道”为其哲学的最高范畴，依道所生的状态就是“和谐”。从“道”到万物的发生，其过程依次是：“道生一，一生二，二生三，三生万物。”孔子将“和”作为其人文精神的核心。孔子弟子有子说：“礼之用，和为贵，先王之道，斯为美，小大由之。有所不行，知和而和之，不以礼节之，亦不可行也。”能否“和”可作为君子和小人的重要区分标志，“君子和而不同，小人同而不和”。从而孔子认为治国处世、礼仪制度，以和为价值标准。孟子继承孔子的思想，把“人和”置于重要地位，认为“天时不如地利，地利不如人和”，只要组织内部和谐，上下齐心合力，就能无往而不胜。荀子还从更积极的意义上提出“和则一，一则多力”的主张，他认为，在一个组织内部，人们和谐相处就能取得一致，取得一致力量国家就会强大。

与和谐相近的另一概念是“和合”。《吕氏春秋》将和合概念用于表述自然界和人类的起源和构成，提出“天地有始。天微以成，地塞以形。天地合和，生之大经也”。《淮南子》则认为：“天地之合和，阴阳之陶化万物，皆乘人气者也。”西汉董仲舒指出：“和者，天地之正也，阴阳之平也，其气最良，物之所生也。诚择其和者，以为大得天地之奉也。”以和作为天地间最普遍的原则。佛学中许多学派对“因缘和合”这一基本理论做了大量阐释，如“和合因”、“和合生”、“和合思择”、“和合离散无常”等。宋明理学家张载提出“民胞物与”的思想，认为人与人是同胞手足的关系，人与物是一种朋友、伙伴的关系，整个宇宙如同一个和谐的大家庭，体现了中国文化的和合精神。

黎红雷[76]将儒家思想的哲学阐释归纳为：“唯人则天”的管理本体论，“知治一致”的管理认识论，“执经达权”的管理方法论，“义以生利”的管理价值论，“劳心治人”的管理本质观，“人性可塑”的管理人性观，“能群善分”的管理组织观，“无为而治”的管理行为观，“道之以德”的管理控制观，以及“修己安人”的管理目标观。其中，许多方面涉及和谐思想在管理中的应用。例如，从“劳心治人”的管理本质观来看，强调“和为贵”，在管理与被管理者之间提倡“和无寡”，在最高管理者与下属之间提倡“和而不同”，这就把管理活动当作一种协调的过程。在“人性可塑”的管理人性观方面，孟子由“性善论”推出他的“仁政”学说；“性善论”与现代管理学中的“Y 理论”相比，二者的相同之处在于：承认人性假设是管理活动的必要前提，肯定人性本质上是善良美好的，把管理工作寄希望于人们的精神追求；二者的相异之点则在于，在研究旨趣上存在着道德评价与行为描述、管理者行为与被管理者行为的差别，以及人性之恶究竟来自先天还是后天的不同看法；管理不仅仅是对人性的适应，而且是对人性的塑染与改造；这说明，和谐团队是可以塑造的。在“能群善分”的管理组织观方面，代表性观点是荀子的“人能群”理论；在荀子看来，人类之所以优于其他生物，就在于人的社会性（合群性）；“群”是人类生来就有的功能，而要使之成为现实的社会组织，就必须有“分”；要保证社会组织的合理性，就必须有“义”；所谓“分”，作为组织手段，是人类生存的保证，社会正常运转的前提，组织有序化的标志，在此基础上所形成的社会组织可以使人类的整体力量得到汇集和放大。

6.2 企业高层和谐管理团队的内涵与特征

在《和谐管理理论》[77]一书中，席酉民教授等提出了和谐主题的概念，并将其定义为组织在特定的发展情境下，通过对外界环境与自身状态进行信息加工、过滤、判断和选择，从而提炼出来的有关组织在一定时期内的工作重心或中心工作议题。它是对组织近一段时期内所开展工作中心思想的陈述，是组织发展的重点所在。如果我们把管理看作是“在变动的环境中依赖人与物的互动从而获得组织绩效改进的人类实践”，那么和谐主题可被理解为在特定情境下，组织中人与物要素互动过程中所产生的核心问题。围绕这一核心问题，和谐管理通过两条路径达到组织发展或绩效改进的目标，一方面对“活跃而不确定”的人要素通过“和则”体系的构建加以应对；另一方面对“相对确定”的物要素通过“谐则”的设计进行优化，从而达到组织可持续发展的初衷。当然，组织中所要解决的管理问题很多，因此与和谐主题相配合，存在一系列相应“子主题”，他们与主题一起构成组织在特定时期的“主题体系”。和谐主题一方面是对管理现实广泛的反映，同时也是寻找一门问题解决办法的直接尝试。

企业高管团队作为一种具有可持续发展性的组织，在企业发展的不同时期和不同阶段，会表现出不同的特征、会有不同的运作过程、会面对不同的挑战，因此其工作重心也不一样。基于对现代“和谐理论”的理解，可将“和谐”两字拆开释义。“和”，指和睦，但不是和气，其中也存在冲突，但主要是建设性的冲突。“谐”主要是指团队内部的协同，包括：共同愿景、角色互补、知识共享、群体进化。因此，企业和谐管理团队可以被界定为：拥有共同愿景、共同价值观的，由不同互补角色高复合型人才组成的协同、高效、忠诚的管理团队，负责各层次的计划、组织、领导、控制等工作。根据团队理论，可分为基层管理团队、中层管理团队和高层管理团队 3 个等级。考虑到现代企业组织结构的扁平化趋势，本节将企业各层管理团队视作一个整体进行分析。

企业高层和谐管理团队的特征可从 3 个层面进行描述。一是个人层面的特征，包括：对企业发展方向、市场、技术的前瞻性；对企业外部环境变化以及对企业内部问题现象觉察的敏锐性；对紧急情况、危机事件以及处理的果敢性；对企业供给社会的产品或服务具备创意思维和创新动机。二是团队层面的特征，包括：积极向上、民主友好、和谐氛围与必胜信念；完善、清晰的权责利界定与有效的激励机制；在紧要关头，各成员能遵循“团队荣誉第一”原则；日常工作交流过程中团队内沟通成本低且工作效率高；存在建设性冲突，并存在对潜在破坏性冲突的预防机制、制约机制和化解机制。三是企业层面的特征，包括与马斯洛的个人需要层次理论、团队绩效评价指标、企业目标三者共轨的共同愿景、和谐的企业文化、管理人员对企业有较强的忠诚度（见表6-1）。

表6-1 企业高层和谐管理团队的特征

层次	特征
个人层面	前瞻性； 敏锐性； 果敢性； 创新性
团队层面	和谐氛围； 必胜信念； 清晰的权责利界定； 有效的激励机制； “团队荣誉第一”原则； 沟通成本低；工作效率高； 存在建设性冲突及对潜在破坏性冲突的预防机制、制约机制与化解机制
企业层面	共轨的共同愿景； 和谐的企业文化； 较强的忠诚度

6.3 企业高层和谐管理团队的价值与运行机制

1. 企业高层和谐管理团队的价值

企业高层和谐管理团队价值决定该团队分配的对象、内容和方式。在构建和谐团队的过程中，需要弄清楚可分配的资源。而诸如团队的权力、荣誉和机遇这些因素在团队中的分配情况是各种团队相区别的根本标志。与传统的普通群体不同，团队权力、荣誉和机遇的分配是基于人本思想展开的，并服务于上述4个基本价值目标。其基本思路是：通过对团队权力的再分配实现“认知人”，通过对荣誉的再分配“关心人”、“尊重人”，通过对机遇的再分配“发展人”，如图6-1所示。同时达成了上述4个价值目标的团队就是一个和谐的团队，和谐是团队管理所追求的最高价值目标。

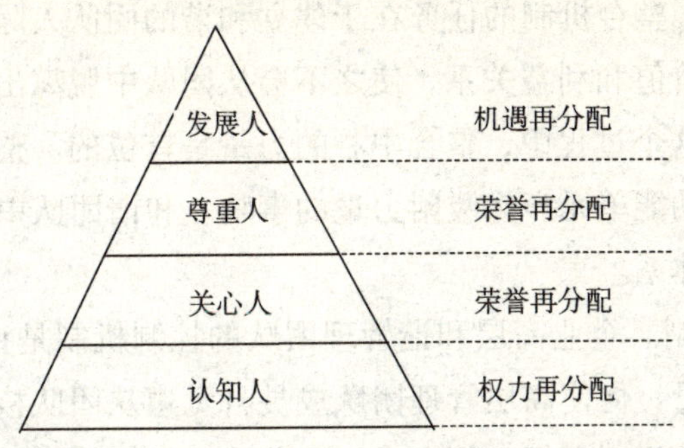

图6-1　企业高层和谐管理团队的价值实现途径

2. 企业高层和谐管理团队的运行机制

企业高层和谐管理团队通过其运行机制体现出团队价值在整个团队管理中的核心地位和重要作用。团队运行机制是影响团队规律运动的各因素的结构、功能及其相互联系，以及这些因素产生影响、发挥功能的作用过程和作用原理。研究企业高层和谐管理团队运行机制，有助于企业掌握高层和谐管理团队运动的一般规律，进而利用这些规律更好地推动团队的良性运行、和谐发展。在一个高层和谐管理团队中，主要存在动力、整合、控制、保障和进化5种运行机制。

（1）动力机制[78]。团队管理理论认为：一个团队拥有较为适度的动力才可能具有连续、稳定和健康的发展势头。因此，动力机制是企业高层和谐管理团队的一个和谐主题，具体包括动力源、动力方向和动力强度，目的在于保持合理的团队运行速度。其中，动力源产生于组织战略催生的组织文化，企业高层和谐管理团队的动力源于和谐的团队价值；动力方向要符合认知人、关心人、尊重人和发展人的价值目标，任何符合这一目标的举动都应得到鼓励；动力强度则要遵循适度原则。企业高层和谐管理团队动力机制的作用原理是通过社会化和内化过程，将和谐的价值体系融入高层管理团队个体和功能单元的人格系统里，从而影响和改变微观动力主体的需要结构，以使他的动力发生朝向和谐价值目标的变化。

（2）整合机制。企业高层和谐管理团队整合是通过对团队诸要素的价值和利益的协调与调整，使其成为团队共同体的过程，即团队一体化的过程。企业高层和谐管理团队整合机制是影响团队整合诸要素的相互联系及作用机制。企业高层管理团队在创立过程中需要保持组织结构的完整性，即主要功能模块不可缺失。整合机制的任务在于建立和谐的团队人际关系，协调和调整各功能模块的价值和利益关系，使之不会从团队中脱离出去，以形成稳定的系统结构。在这个过程中，整合中心的力量是首位的。整合中心是对高层管理团队个体或功能单元产生吸附力量的事物。和谐团队中的整合中心就是上述和谐的价值体系。

（3）控制机制。企业高层和谐管理团队的控制机制是指通过各种途径，调动各种积极力量，促使高层管理团队成员自觉遵从团队核心价值，维持团队秩序，实现团队运行目标。简言之，和谐团队的控制机制意在实现分散的权力构成。与传统的组织模式相区别，企业高层和谐管理团队模式打破了直线职能式的组织官僚体系，通过权力资源的分散分配，实现对组织的有效控制。在高层和谐管理团队中，基本的管理任务可以在横向维度展开和完成，每个主体或结构单元以自主管理和自我控制为主要的生存方式。

（4）保障机制。企业高层和谐管理团队保障机制是为高层管理团队营造一个稳定的生存环境。由于团队随时可能受到外来的、内在的扰动因素的影响，如果没有牢固的、有力的保障机制，那么团队便会在不断的被扰动过程中，发生有悖于设计初衷的震荡。这种震荡对于企业高层管理团队而言，并不一定都是正向的、积极的。高层管理团队震荡的性质取决于团队本身对扰动项需求与否。因此，企业高层和谐管理团队的保障机制可以定义为：那些能够抵消扰动项的影响，以使团队保持相对稳定的团队构成要素及其相互传导、作用的过程与运动模式。这种机制的作用在于当和谐管理团队取得一种较为稳定的存在状态以后，抑制团队变迁。

（5）进化机制。企业高层和谐管理团队还面临不断自我发展的任务，由于受到内外两个方面扰动因素的影响，团队需要在恰当的时候对自身的存在状态作出某种符合理性判断的调整。进化机制的设计目的在于促进高层管理团队变革，塑造积极上进的团队发展轨迹。显而易见，进化机制是保障机制的反机制。企业高层和谐管理团队能否在不断变革中保持良性发展，主要取决于这两种机制的角力。

控制机制、保障机制和整合机制是 3 种处于“基态”的团队机制，构成了团队生存的三大机制；动力机制和进化机制则是处于“激发态”的团队机制，构成团队发展的两大机制。各种机制通过机制端口相联系。而机制端口是各种运行机制借以相互联系、相互作用的传导介质，动力、整合、控制、保障和进化5种运行机制的相互关系如图6－2所示。

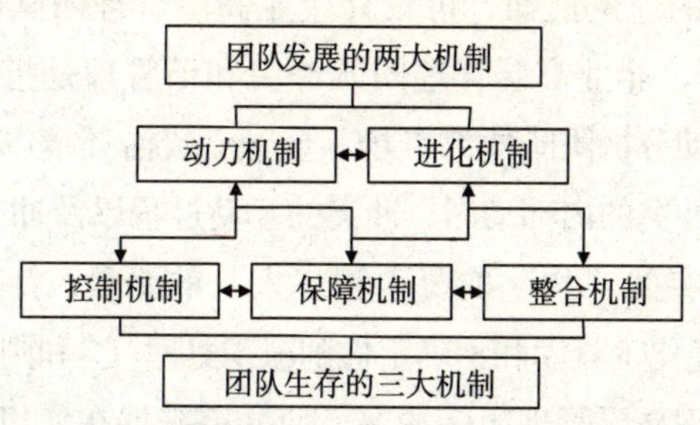

图6－2 企业高层和谐管理团队的运行机制

因此，可以认为，企业高层和谐管理团队是在以人为本的组织设计理念指导下，以和谐价值观念为中心，通过一系列运行机制的作用与反作用，对组织的权力、荣誉和机会进行符合上述价值的分配，从而实现认知人、关心人、尊重人、发展人等诸多符合价值目标的组织形式和运动过程。以和谐的团队价值观念为内核，动力、控制、整合、保障和进化等运行机制分别在这一核心周围凝聚，并通过各种机制之间的耦合及相互作用，共同推进整个团队的运动和发展。和谐的价值目标及其体系是和谐团队的标志，使其与普通的团队相区别；运行机制是价值目标实现的保障，上述任何运行机制的缺失或功能障碍，都将不利于和谐目标的达成。

6.4 企业高层和谐管理团队的模型

管理活动从本质上来说是一种不断解决管理过程中各种冲突的过程，从某种程度上来说，管理成功与否关键是看其解决冲突的程度。冲突管理与和谐管理本质上是同一个过程，都是不断寻求和谐的管理过程。

1. 企业高层和谐管理团队的基本模型

企业高层管理团队冲突可能推动企业的发展，也可能破坏企业整体绩效，如何管理冲突，将破坏性冲突转化为良性冲突，进而将冲突维持在企业绩效持续改进的水平上是企业制胜的关键问题。已有文献主要针对企业高层管理团队冲突的事后控制，没有形成系统性和前瞻性的分析框架，而和谐管理理论恰恰弥补了这种集中于具体管理方法研究的缺陷，它力求在变动的环境中，围绕和谐主题分辨，以优化和不确定性削减为手段提供问题解决方案，以实现组织的目的。

依据和谐管理的理论框架，可设计企业高层管理团队内部冲突的和谐管理基本分析模型[79]。企业高层管理团队冲突和谐管理是指高层管理团队为了提升企业绩效，主动分析团队外部市场、金融、政治环境以及团队特征，深入探索高层管理团队冲突的内部动因、冲突的互动过程以及冲突可能引发的后果，然后分离出引发冲突的“物”的要素和“人”的要素，针对“物”的要素和“人”的要素，以优化工具库和不确定性削减工具库（“和则”与“谐则”），通过这两个途径来管理高层管理团队冲突，使冲突维持在使组织绩效持续改进的适当水平上，实现高层管理团队的和谐管理，如图 6－3 所示。

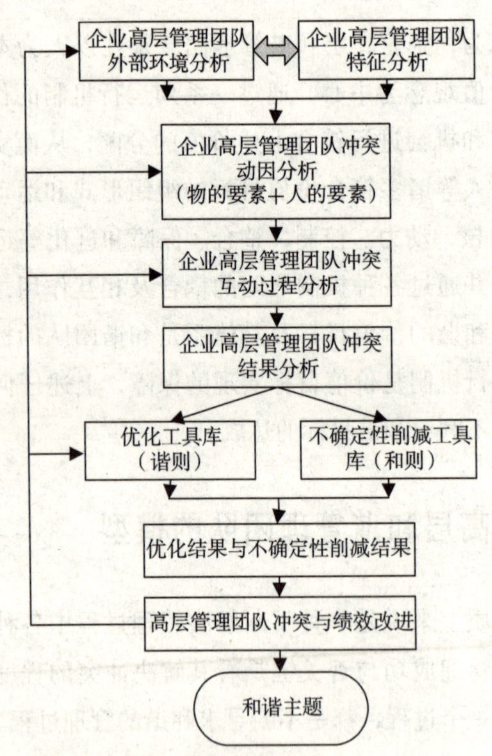

图 6－3　企业高层和谐管理团队的基本模型

基本模型将企业高层管理团队冲突作为一个复杂系统运用系统论的思维方法研究企业高层管理团队冲突管理问题。这一模型不仅是基于企业高层管理团队内部的闭环体系，而且将企业高层管理团队面临的整个外部大环境纳入系统中来分析，作为模型分析的外界变量。基本模型利用“优化设计”与

“人的能动作用”双规则的互动耦合机制，提取企业高层管理团队冲突管理的优化工具和不确定性削减工具，从而为建立企业高层管理团队冲突管理预警机制奠定了基础。该模型的最终目的不是为了管理冲突而管理冲突，而是以企业高层管理团队和整个企业绩效的持续改进为最终目标，而不是绩效的最大化，也是基于企业可持续发展这一目标的。

企业高层管理团队和谐主题一旦形成以后，虽然具有一定程度上的稳定性，但也并非一成不变，有时为了动态适应外部环境和自身特征的变化，需要将原有主题转变为一个新的主题，这个过程称为企业高层团队整合和谐主题的漂移。漂移的过程可能是突变的过程也可能是渐变的过程。主题的突变是指原有主题并未完全实现的情况下即被新主题所代替，它可能是由于环境、团队特征或团队过程中任何一个要素发生重大突变所产生的。例如，CEO的更换往往使对企业发展核心问题的把握发生重大调整，这就是主题突变。主题的渐变是指原有主题基本实现之后自然过渡到新主题。每个主题实现的过程就是产生新主题的过程；与此同时，所有新主题的产生都是过去主题实现的延续，后者为前者的产生提供了必要的条件。

2. 企业高层和谐管理团队的二元七要素模型

基于对企业高层和谐管理团队的特征分析，结合团队理论、和谐理论、风险理论与协同论，可构建企业和谐管理团队的二元七要素模型。“二元”分别为：“和睦”的“和”元，包括氛围友好、团队稳定、风险化解三要素；以及“协同”的“协”元，包括角色互补、知识共享、群体进化、共同愿景四要素（见图6－4）。

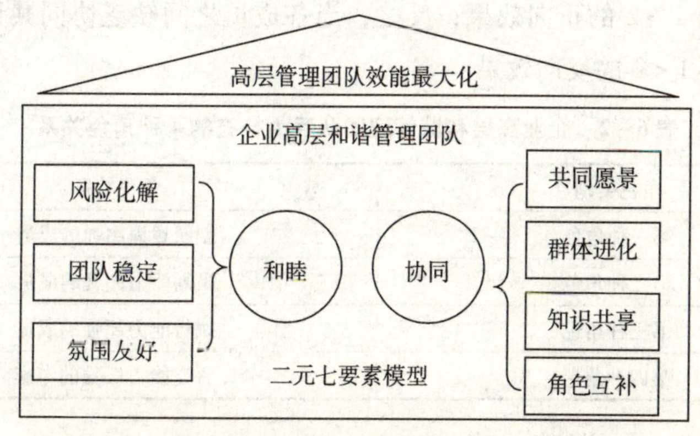

图6－4　企业高层和谐管理团队的二元七要素模型

在二元七要素模型中，“和睦”是从企业高层管理团队的人际关系维度进行定义的。团队的氛围与团队内管理人员的认知基础和控制情绪的能力相关，认知能力越高，控制情绪的能力越强，其团队的氛围越友好，反之，则越恶劣。公平、公正、公开的奖惩制度与稳定的人事制度是团队稳定的两大保障制度，当人事变动频繁，奖惩缺乏三公时，团队稳定无从谈起，和谐稳定的团队需要健全的制度和公正的执行。和谐的管理团队不允许有破坏性冲突的存在，即便发现潜在破坏性冲突的先兆，也应在此之前建立完善的预防机制、制约机制和化解机制。罗布·戈菲和加雷斯·琼斯在《什么使现代企业团结一致?》里写道：“管理人员几乎不愿意在一个低度和睦交往、低度团结一致的分裂型组织中工作。”团队合作顺利进行的前提条件之一就是团队成员之间的关系和睦。如果团队成员之间的关系和睦，他们之间的交流就会比较多，在工作中合作起来也会比较愉快[80]。

“协同”是从工作任务和流程协作的维度进行定义的。角色互补型管理团队有利于减少人力成本，同时将多样的知识与丰富的经验共享与团队内部其他成员，使团队成员按需相互补充、相得益彰，从而达到提高协作效果、增加团队价值、进化团队组织、实现共同愿景的目的。一支优秀的企业高层管理团队的成员角色通常至少由4种角色互补的成员所构成（见表6-2），他们分别是一个创新意识超强的成员，一个策划能力超凡的成员，一个执行能力超强的成员以及一个研究能力极强的专家。协同论“整体性悖论”的“非加和性”能有效地解释以企业高层管理团队为系统的“协同”效果，如某管理团队内各成员之间相互联系、相互作用，当成员之间协同作用发挥得好时，就会产生1+1>2的正向效果；反之，当各成员之间缺乏协同共识时，结果就会出现1+1<2的反向效果。

表6-2　企业高层和谐管理团队互为补充的4种角色关系

角色类别	角色特征
第一种角色	创新意识超强的成员
第二种角色	策划能力超凡的成员
第三种角色	执行能力超强的成员
第四种角色	研究能力极强的专家

将“和”元与“谐”元用数轴表示，可作图6-5。纵横轴相交的起点为

和谐的起点，用字母O来表示；延横轴的正方向团队内部协同程度逐渐增高；延纵轴的正方向团队内部和谐程度逐渐增加。而企业高层管理团队和谐度（Degree of Harmony）可用函数H＝F（C，P）表示，其中P表示和睦程度（Degree of Peace）；C表示协同程度（Degree of Complementation）。而和睦程度P又是关于F（氛围友好，Friendly Air），S（团队稳定，Steady Team），R（风险化解，Risk Relief）的函数；协同程度C是关于C（角色互补，Role Complementation），K（知识共享，Sharing Knowledge），E（群体进化，Group Evolution），V（共同愿景，Common Vision）的函数。企业高层管理团队和谐度越高，团队的凝聚力越强，团队的协作效率越高，团队预防风险的能力越强，企业的绩效越大、竞争力越强；反之，团队涣散、意志力薄弱、无协作、高风险、低收益，企业会面临极大的危险。

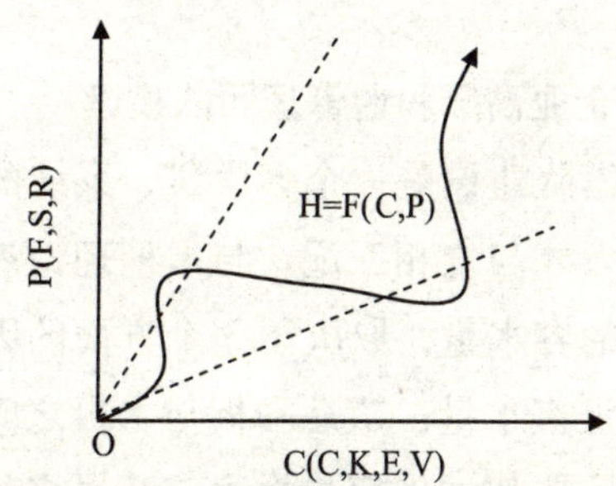

图6－5　企业高层管理团队和谐度描绘图

3. 企业高层和谐管理团队的数学描述

假设建设性冲突问题与和谐度之间呈正相关关系，破坏性冲突问题与和谐度之间呈负相关关系，这样，可探究企业高层管理团队的建设性冲突事件及其处理过程对总体和谐性的影响[81]。

企业高层和谐管理团队的总体和谐性不仅包括高层管理团队内部的和谐度，还包括高层管理团队构成的和谐度、高层管理团队组织的和谐度和高层管理团队外部的和谐度。根据和谐管理理论，高层管理团队内部的和谐度表征团队的人际关系、成员思想、工作态度、风气氛围、工作条件、生活条件与项目的需求匹配性；高层管理团队构成的和谐度表征团队的成员配备、素质、特长、观念、理想、态度等，以及成员组合与项目需求功能的适应性；高层管理团队组织的和谐度表征团队的组织手段、结构、控制能力与项目需求功能的高效性；高层管理团队外部和谐度表征团队的政策导向、企业文化等与项目需求功能的协调性。

假设：以上 4 种和谐度之间是相互独立的；企业高层管理团队和谐度会随着企业生命周期的变化而有所不同；高层管理团队的管理能力与企业高层管理团队的和谐度之间呈正相关关系。

视某一冲突性事件的发生和处理过程为某一周期，假设单独的冲突事件都会有终结的时候，令处于 n 时刻时，令 $H_1(t)$、$H_2(t)$、$H_3(t)$ 和 $H_4(t)$ 表示 t 时刻企业高层管理团队的内部和谐度、构成和谐度、组织和谐度和外部和谐度，定义和谐度为：

$$H(t) = n_1H_1(t) + n_2H_2(t) + n_3H_3(t) + n_4H_4(t)$$

6.5 企业高层和谐管理团队的建设

1. 基于木桶原理的企业高层和谐管理团队建设

企业高层和谐管理团队建设是一个多学科、系统的、综合的知识运用领域，强调高素质复合型人才与之相匹配，与木桶理论有着异曲同工之妙。木桶理论指的是一只木桶的容水量，取决于 3 个方面的因素：一是每一块木板的长度，最短的木板决定盛水量；二是木板与木板之间的结合紧密度；三是是否有一个很好的桶底。要使木桶容量增大，装更多的水，就要设法改变木板与桶底的现状。一个具有战斗力的企业高层管理团队，不仅取决于每位成员的能力水平，也取决于每位成员之间的协作与配合的紧密度，同时企业高层管理团队给成员所提供的平台也至关重要。因此，基于木桶原理的企业高层和谐管理团队建设可以从以下 3 个方面努力[82]。

（1）突出“长板”。

将整个水桶看作一个高层管理团队，把水桶的容水量比作团队的组织绩效，则有两个可改造团队的方法：一是“马太效应”，扬长避短，发挥“动态比较优势”；二是寻找阻碍团队的短板，然后“扬长补短”，迎头赶上。这两种方法互为补充，不可分割。从最优化资源配置来讲，应该安排企业高层管理者把时间和精力放在最擅长的工作上，充分发挥个人优势，用其长处。同理，一个企业的优势在于专注于它最具竞争力、最擅长的产品领域，但这并不是无视弱点，而是通过有效地控制弱点，使之不严重影响、制约优势的发挥就行，而将工作重点放在优势的磨砺上，用超强的优势来盖过弱点。

如何有效地激励企业高层管理者的优势？需要采用科学的激励手段，保障成员的利益，激发高层管理者的积极性和创造性，才能给企业带来价值和贡献。如可以通过采用股票期权、技术入股、创意入股等手段，让企业高层管理者找到企业主人的感觉，真正把自己作为企业重要的一份子，从而把企业目标与个人目标结合起来，创造出最大价值。在企业高层管理团队内部打破学历、资历、人情界限，营造公平竞争的氛围，让管理者永远都感觉到竞争的压力，进而推动其进取意识和创新精神。从国内众多案例可知高层管理人员的离职，并非完全是因为薪酬的原因，更多的是由于企业无法给予其一个展现自我的舞台，这一点也正好印证了马斯洛的需求五层次理论的最高需求——自我实现的愿望。同时，激发高层管理人员发挥潜能的另一有效途径是正确的绩效评估。通过公平公正的绩效评估，可帮助高层管理人员找出与他人绩效差距的真正原因，有利于激发其潜能。

(2) 补“短板”。

补“短板”是企业高层管理团队建设的重点之一，与突出“长板”互为补充。补“短板”有平衡发展之意，但不局限于此。随着企业生命周期和团队生命周期的变化，所需补给的短板是有异的。如处于发展阶段的企业和团队需要快速、均衡地提升各项能力和实力。由于规模经济、范围经济、交易费用等的综合作用，使得企业出现“短板”效应的可能性非常大。因此，出现了企业与企业、团队与团队之间的多种合作方式，如强强联合、优势互补、虚拟组织等方式。

构成企业高层管理团队竞争力的有品质控制能力、新品研发能力、客户服务能力、财务控制能力、市场营销能力等“木板”，如何均衡发展这些能力，并找到其核心竞争力是企业屹立于众多竞争者中不倒的关键因素。当高层管理团队中某成员的某项能力太弱，以致阻碍企业的发展，当这个“短板”在竞争中暴露出来时，企业领导就必须下力度及时地给予补上，可以通过为其培训或者调动岗位引进新人等方式来补“短板”，否则该能力的缺失就可能给企业致命的打击。

建设企业高层管理团队成为良性运作的学习型组织也是补给企业“短板”，实现和谐团队的重要途径。唯有本着“学贵精诚专一”的态度，以“学习型组织”作为创建蓝本，全面系统地学习现代社会各个方面的知识，才能促进企业高层管理团队整体理论的修养、改善高层管理者的方法论与思维方式，进而促使团队能够以站得更高的视角系统地观察问题、考虑问题，提高操控驾驭各种冲突事件的能力，及时将知识转化为现实生产力。

（3）协作平台。

水桶中水的容量不仅取决于最短的那块木板的高度，还和各个木板之间的缝隙、木桶的底板、木桶的直径密切相关。企业高层管理团队的成功需要各个成员的共同努力。在管理中，一个高层管理团队的战斗力，不仅取决于每一位员工的工作能力，还取决于各成员之间的紧密配合、及时“补位”以及部门与部门之间的相互协作、相互配合。如此方能均衡、紧密地结合形成一个强大的整体，才能不断提高企业的凝聚力和核心竞争力。

企业高层管理团队的“紧密度”可以通过以下3种途径来加固。一是注重企业文化建设，提倡团队精神。海尔文化是海尔人的价值观，这个价值观的核心是创新。它是在海尔的发展历程中产生和逐渐形成特色的文化体系。海尔文化使海尔的发展与海尔员工个人的价值追求完美地结合在一起，每一位海尔员工将在实现海尔世界名牌大目标的过程中，充分实现个人的价值与追求。二是团队分工应合理。让每一位高层管理者的才能与角色相匹配，且每位高层管理者必须具备履行工作职责的胜任能力，并且善于与其他团队成员合作。只有这样，每一位员工才能清楚自己的角色、清楚自己的位置、清楚自己的工作职责，才能真正成为一个和谐团队的成员。三是团队目标应具有挑战性。企业领导应为高层管理团队设定具有挑战性的目标，并鼓励团队协作精神。让高层管理者认识到只有全体成员全力以赴才能实现这个目标。通过这种激励使得团队成员聚焦于团队目标，一些内部的小矛盾也就会消弭于无形，从而就能形成更加紧密团结的、具有战斗力的高层和谐管理团队。

2. 基于人本主义的企业高层和谐管理团队建设

在构建企业高层和谐管理团队工作中，存在着传统的管理思想和方式，只注重个人积极性的激发和提高，不重视团队成员之间的协作和群体效果，人性问题在需要高度协作化的团队中变得突出起来。如高层管理人员习惯于专注自身的分内工作，独自按照自己计划和自己的工作方式去工作，不善于与团队内其他成员进行广泛的交流与合作，没有将知识和技能与别人共享的意识，情绪冲突无法避免地出现，小集体意识长期存在于企业高层管理团队里等因人性问题而带来的问题。由此可见，在构建和谐团队的工作中，人性问题是普遍存在的，但是也可通过一些途径使之淡化、消失，具体对策主要从以下4个方面进行[83]。

（1）注重人性化管理。

为解决组织企业高层管理团队发展过程中发生的诸如人性问题，应该通过加大以人性化管理思想的宣传力度，坚持这种科学管理的舆论导向，以此引起广大企业管理者对以人性化管理思想的重视，实现管理观念的现代化、科学化，在管理过程中自觉实施人性管理，正确处理团队发展过程中个人与集体、局部与全局、眼前利益与长远利益的关系，从而有效主动发挥企业高层管理者的潜能。可见，注重人性化管理是进一步提升组织绩效的需要，也是保持组织内部稳定乃至社会稳定的重要措施。

（2）注重文化建设。

随着人的全面发展，人的需求是递进式的，从低层次需求的满足到高层次需求的追求，精神文化的需求越来越成为人们需求的主题。当前，应把组织文化的建设作为企业组织管理和高层管理团队建设不可或缺的常规性工作任务，以满足和引导企业全体管理者日益增长的精神文化需求。随着等价交换观念的影响，在企业高层管理团队中重金钱不重职业道德的现象较为频繁，逆向选择和道德风险现象严重。职业道德的好坏直接关系到企业的形象和信誉，也关系到社会风气。因此，职业道德教育应在高层管理团队内部深入展开。

（3）注重教育和鼓动作用。

企业内部的非正式群体是以人的感情为基础建立起来的，绝大多数非正式群体的目标与企业的目标是一致的，因此，组织的人性化管理工作应该从绝大多数非正式群体成员的社会心理需求出发，去营造一种宽松的环境，来缩短团队成员之间的距离，解决和谐团队构建中的一些矛盾问题，发挥好非正式群体的教育和鼓动作用。

（4）注重目标管理责任到人。

人性化管理作为企业的管理系统，应有自身的目标，这样才能促进人性化管理工作任务的完成，改变口号多、文件多而落实少的状况，同时，实行人性化管理工作目标化，也可以改变企业高层管理团队互相排挤、各自为政的状态。因此，对于企业高层和谐管理团队的构建，实行目标鼓励是非常重要的，这样才能使人性化管理工作走上规范化、科学化的道路。

3. 基于知识管理的企业高层和谐管理团队建设

知识管理是管理领域的新生事物，目前还没有一个被大家广泛认可的定义[84]。一般地，知识管理是指利用开放式的结构将企业的知识加以收集、积累、整理、共享，通过影响员工的工作态度和行为，建立起开放和信任的企业内部环境，从而使得员工自愿合作共享和开发知识资源去完成艰难的任务，以达到更高的目标和产生更好的效益。基于知识管理的企业高层和谐管理团队建设就是根据企业的性质、任务与使命确定高层管理团队的群体目标，然后，为高层管理团队的组建设置一定的组织原则，并通过构建知识管理系统为企业高层管理团队提供同类团队的参考原则及有关的政策法规知识，使企业面对团队问题能够做出快速反应。基于知识管理的企业高层和谐管理团队建设流程如图 6－6 所示。

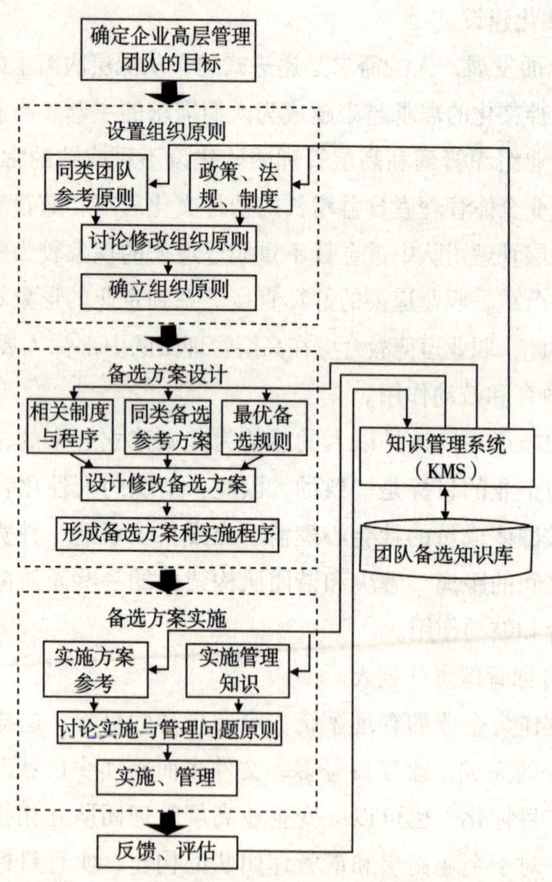

图 6－6　基于知识管理的企业高层和谐管理团队建设流程图

构建企业高层和谐管理团队首先必须根据企业的性质、任务与使命确定高层管理团队的群体目标。然后，为高层管理团队的组建设置一定的组织原则。知识管理系统将为组织原则的设置提供同类团队的参考原则及有关的政策法规知识。在备选方案的设计阶段，知识管理系统还将为企业提供相关的制度与程序知识和同类团队配置的参考方案，并根据案例与规则推理、建立重要的最优备选规则。在备选方案的实施阶段，知识管理系统主要提供可供参考的同类实施方案和实施过程中的管理知识。方案实施后，通过反馈与评估工作为知识管理库提供新的知识，供改进、提高及其他同类型的高层管理团队备选方案参考。其中，最优备选规则的建立主要依据对群体中个体的属性指标进行量化分析，并通过数据挖掘和分析所获得的统计学知识形成的，如采用 AFP（AHP Fuzzy-Pattern Recognition）方法对诸如年龄、性别、知识、经历、能力、性格、气质、种族、语言和文化涵养等指标进行测评和量化，通过这种综合性评价方法，能较好地解决各类不同特点的属性指标进行统一测评和量化的问题。

第7章　企业高层管理团队冲突的案例分析

7.1　案例描述

案例1：华晨裂变

擅长资本运作的华晨汽车帝国的创始人仰融提出了“以金融为目的，以汽车为辅助手段”的发展模式。1992年10月，华晨中国汽车控股有限公司（CBA，以下简称华晨中国）在美国纽约股票交易所挂牌上市。随后，苏强、吴小安、洪星和何涛4人加盟华晨中国，并被委以重任，成为仰融的左膀右臂，组成了华晨中国的高层管理团队。在仰融的亲自主持下，通过了购股权计划，并分别授予管理层4位董事吴小安、苏强、洪星、何涛巨额的购股权，使得华晨中国的4位高管在一夜之间成为亿万富翁。以苏强为代表的华晨中国四大金刚选择了与华晨中国新任大股东——辽宁省政府合作，并与仰融发生冲突与对立，仰融免去了苏强申华控股总裁的职务，仰融被免除了华晨中国董事局主席的职务等。其后，身兼辽宁省省长助理的杨宝善，虽然是华晨集团控股公司名义上的核心负责人，但是四大金刚却占据了华晨中国的各个要职。苏强等人与辽宁省政府的博弈使得4位职业经理人和控股华晨集团的辽宁省政府之间的矛盾变得不可调和。2003年10月28日，华晨高管开始抛售股票计划。华晨中国的一纸公告，宣布了华晨中国总裁、行政总监兼沈阳华晨金杯汽车主席苏强、沈阳华晨金杯汽车行政总监何涛的辞职。

案例2：长城宽带高层震荡

2000年4月成立的长城宽带公司（以下简称长宽），是由长城集团所属3家上市公司——长城科技股份有限公司、中国长城计算机深圳股份有限公司、深圳开发科技股份有限公司联合投资设立的高科技网络公司。总经理杨宇航、公司副总经理、技术总监等人辞职的主要原因是长宽资本结构的变化，即中国国际信托投资公司（以下简称中信）的入资。中信的巨额注资使得中信具有很大的资本发言权。除此之外，中信派遣孙子强加盟长宽，参与长宽的运营管理。由董事会派遣的孙子强对长宽的组织结构和技术业务进行大刀阔斧的改革，技术中心和信息中心两个部门被裁撤，而技术中心人员被全部遣散，其他各个部门也都进行了相应的调整，以适应长宽新的业务方向。

案例3：香港 Logistics 洋行文化冲突

Logistics 洋行由1987年李氏家族在香港创建，主要业务是代理销售欧美的名牌办公家具。到1994年，公司已成为香港第二大办公家具商，华润创业为 Logistics 第二大股东。鉴于香港市场发展有限，Logistics 在1993年开始进入大陆市场。到1996年公司已经在北京、上海等8个城市建立分行及陈列中心，当时公司各分行的主要管理层皆为香港人，是纯香港人的管理体系。

1997年，亚洲金融风暴的侵袭使得 Logistics 出现严重资金运作问题，华润创业对 Logistics 注资后成为 Logistics 的最大股东。华润创业接手 Logistics 后认为“大陆问题必须用大陆人”来解决，于是对 Logistics 高层管理团队进行大换血，改变了原来 Logistics 执行董事局清一色由香港人组成的局面。然而重整后的 Logistics 文化冲突非但没有消除，反而有愈演愈烈之势。公司内的香港管理层与大陆管理层互相找对方的毛病，彼此推卸责任。董事局开会也是经常吵架不断，陷入互相指责的意气之争，董事局主席黄铁鹰在一次开会中勃然大怒，不理智地当场解除第二任 CEO 的职位，打算卖掉 Logistics 了事。

案例4：摩根斯坦利投资银行高层派系之争

1997年添惠公司（以下简称添惠）并购摩根斯坦利投资银行（以下简称摩根）业务。然而，摩根是投资银行，添惠是经纪公司，两家企业首先在公司文化上就存在着巨大的差异，其次它们又服务于两种截然不同的消费者，也各自拥有截然不同的员工。合并后的摩根与添惠貌合神离，两派之间的明争暗斗从未停息过。在这种情况下，CEO 裴熙亮将添惠公司的许多人员都安插到了合并后的摩根斯坦利添惠公司的董事会和高级管理层，以巩固自己的地位。裴熙亮深谙政治策略，除了排挤掉他的最大对手之外，原来摩根斯坦利高级管理层都快被其换光。

然而2005年3月初，一封酝酿已久、出自前总裁罗伯特·格林西尔为首的8位前高管之手的“弹劾”信登上《华尔街日报》，公开向董事会强烈要求撤换裴熙亮的CEO之位。这8位前高管都是办公室政治中被裴熙亮排挤出局的手下败将。受到8位前高管的公开挑战后，裴熙亮立马启动了自己擅长的策略——在董事会中安插心腹。在这种情况下，8位股东公开联席弹劾CEO成功的可能性希望渺茫。只有获得董事会75%票数的支持，才能使裴熙亮下台。而目前董事会10名成员中，有4人是裴熙亮的“铁杆”支持者。

案例5：中保康联公司四年四换总经理

2000年6月15日，第一家中澳合资人寿保险公司——中保康联人寿保险有限公司（以下简称中保康联）在上海成立。中保康联由中国人寿（集团）公司与澳大利亚联邦银行（以下简称澳洲联邦银行）共同组建而成，注册资本金为2亿元，中方持股51%，澳方持股49%。根据合资的协议，中方委派副总经理、财务总监和市场总监；外方委派总经理、首席精算师和IT总监构成中保康联的高层管理团队。由于中方多占1%的股份，所以董事长由中方担任。然而，从成立的第一天起，就意外地面临着“合资困惑”：股东冲突、观念冲突、文化冲突。

中保康联的第一任总经理赵国贤因对内地市场的了解不够，市场判断出现了问题，在中保康联正式开业2个月后闪电般地辞职。第二任总经理Charles（澳洲人），原中保康联北京首席代表临危受命，为中保康联赢得寿险牌照立下了汗马功劳，但由于中方对外方又出现信心危机，一年后，Charles离职。接任者为在台湾寿险界有一定声望的陈履洁，陈因从台湾带过来的团队报酬过高而备受公司内部争议，一年后，陈也黯然离开。陈之后，李福钟上任成为中保康联的第四任总经理，并担任至今。虽然（公司）表面上并没有明显的矛盾，但是高层内部总是存在不同意见，地域差异和文化冲突无法避免，团队内部缺乏沟通、信任和理解。

案例6：成都鹰联航空高层人事纷争

作为国内首家获批的民营航空公司，鹰联航空公司在2004年2月被民航总局批准为首家筹建的民营航空公司，基地定在成都。投资人为3位自然人李继宁、刘启宏、曹宝泉，李继宁为大股东，担任公司董事长。2005年7月

26 日鹰联航空公司才开始首航飞行，然而，首航不到一年的鹰联航空公司女 CEO 祝凯被董事长李继宁解聘，从而成为国内民营航空首位被“下课”的职业经理人。据了解，祝、李之间早有矛盾，造成此次冲突的导火索是在 2006 年 6 月底，李继宁要求其签署一份资产数据的文件，但遭到祝凯的拒绝。目前鹰联航空公司 CEO 由李继宁兼任。

祝凯背景：美国西北航空公司起用的首位华裔女性高管，也是国内航空公司首位女总裁。毕业于北京旅游学院，出国前在国旅任职，后前往美国深造，在圣汤姆士大学获国际管理硕士学位，后进入美国西北航空公司，负责空乘人员的培训、管理工作。1995 年，美国西北航空公司开拓中国业务，祝凯被调到北京任北京与北方地区总经理。其后，又被调到上海任西北航空上海首席代表。2003 年，祝凯回美国担任美国西北航空公司底特律国际部总经理一职，成为美国西北航空公司首位华裔女性高管。

案例 7：宗申集团高层出走成竞争对手

宗申集团是从左宗申在 1982 年开的一个摩托车修理铺起家的，现在宗申集团这个家族企业是世界上最大的摩托车生产企业之一。宗申集团拥有中国第一个世界级的摩托车队，2002 年还赢得了世界摩托车耐力赛的冠军。然而，2003 年 2 月重庆宗申集团副总裁、左宗申的弟弟左宗庆突然辞职。左宗庆与哥哥左宗申在创业的 20 多年里一直如影随形，对集团的发展功不可没。

业界知情人士称左宗庆的出走是因为左宗庆认为自己持有的股份太少，与他的实际地位与工作不相符，多次对左宗申提出增加的要求而未果。出走前，左宗申占集团股份的 80%，其夫人占 10%，其夫人之兄占 4%，之弟占 3%，左宗庆也仅占 3%。此外，左宗庆在营销上与哥哥的意见相左，左宗申有着外露的性格，在宗申集团，也有人以此来解释左宗庆的离开。还有一种解释是，此次事件是左宗申要淡化宗申集团家族化经营色彩的断臂之举。

另一个事实就是，此次出走事件使宗申集团多了一位知己知彼的竞争对手。左宗庆很快组建了宗庆机车有限公司，仍旧生产摩托车，注册资本 1 000 万元，与宗申集团的竞争不可避免。

案例 8：UT 斯达康高层内部矛盾公开化

UT 斯达康董事会主席汤姆斯·托伊（Thomas Toy）表明 UT 斯达康公司

股东的价值最大化。而增强股东价值的最优方案就是通过在全球关键市场把握商机，努力使UT斯达康扭亏为盈。美国东部时间2007年6月1日（北京时间6月2日）消息，UT斯达康（Nasdaq：UTSI）董事会宣布UT斯达康（中国）首席执行官兼中国区CEO吴鹰将从公司离职，原因是在公司发展战略方面存在分歧。而业界人士认为，吴鹰是在内部斗争中被逼走的。UT斯达康CEO陆弘亮表示在分析和评估公司战略计划的过程中，吴鹰对于增强股东价值的战略有着明显不同的看法。吴鹰离职之后，陆弘亮将临时担任UT斯达康中国区主管，同时继续担任UT斯达康CEO兼总裁。

案例9：中银香港3名高管免职

2001年10月，香港中银集团完成重组，包括时任中银港澳管理处主任刘金宝在内的5名高管成为日后上市的中银香港首任管理团队。中行旗下的中银香港（2388. HK）接获中行通知，中国司法机关正在对该公司副总裁朱赤和丁燕生涉嫌未获授权而将合并前成员行控股股东所拥有的某些资金分配做个人用途一事进行调查。中行总行的高级研究员、前中银香港总裁办公室总经理张德宝目前正在接受调查，与朱、丁涉嫌挪用资金调查有关。

据了解，朱赤和丁燕生分别为中银香港第二、三把手。据中国银行内部人士透露，朱赤在中行的“仕途”颇为顺畅。50岁的丁燕生银行经历则稍显简单，只有8年时间已出任中行港澳管理处人事部总经理。朱赤负责业务规划及财务策略业务单位，现时亦负责中银香港企业银行及资金策略业务。丁燕生则负责业务支援服务策略业务单位，同时还担任中银香港人力资源部总经理，是名副其实的实力派人物。张德宝原任中银香港总裁办公室总经理。这些身份意味着他们与中银香港前总裁刘金宝有过密切的工作关系，很可能是前总裁刘金宝的嫡系。

重组前，中行香港地区的8 200亿资产由12家银行机构和若干专业公司组成的香港中银集团管理和经营。这些分行名下都有一些资金可以自行支配，但并不记账，“小金库”数额从几百万到上千万元不等。在参与和指导处理这些资金期间，朱、丁均有职务上的便利。朱、丁很可能将其挪为己有，至于挪用资金的数额与流向，目前还无法判断，有待朱、丁二人甚至张德宝的交代。

案例 10：雅虎奇虎之争

两年前，面对竞争对手 CNNIC，相识多年的田健和周鸿伟还是亲密合作的战友，他们同仇敌忾，一起在公司年会上誓师，一起加班到深夜，想办法销售令他们骄傲的 3721 网络实名。但现在，田健对周鸿伟的表态却是毫不客气地指责，因为网络实名被周鸿伟的新产品加入恶意软件的拦截名单，定义成招人厌恶的“流氓软件”。最亲密的战友为了各自的理想分道扬镳。

奇虎是周鸿伟离开雅虎后的最新事业，由于主业也是搜索，与雅虎冲突不可避免，然而，就在不久前，奇虎和雅虎开始了技术层面的争吵，争吵随后升级到指责对方诽谤，直至奇虎要跟雅虎“法庭上见”。田健认为周鸿伟违反了职业道德通过“提供补贴和推荐信”的方式劝说手下员工离开雅虎中国，而在雅虎和 3721 的收购协议中规定分给员工的奖金也被作为了劝说他们离开的奖励。奇虎指出，周鸿伟离职时，曾和雅虎中国签下一份“互不评论”的协议，这份终身协议有效禁止了双方的互相攻击。奇虎认为，田健既然代表雅虎中国公开评论了周鸿伟，就可能因违反协议被送上被告席，奇虎已表示“不愿答理”雅虎，只愿“法庭上见”。“两虎之争”迅速升温，昔日的战友今日两军对垒，没有人愿意先退一步。

案例 11：大唐移动高管离职

大唐移动于 2002 年 2 月 8 日在北京注册成立，是大唐电信科技产业集团的核心企业之一，也是 TD-SCDMA 的缔造者和领军者。自 2002 年大唐移动成立以来，大唐移动总经理唐如安就成了中国 TD 产业的领军人物。然而，2007 年 12 月 6 日，唐如安被免去在大唐移动总经理的职务，黯然离开了他为之打拼的领地。

唐如安的离职并不令人意外，他作为大唐集团前任董事长周寰的“嫡系”，与现任大唐集团董事长真才基不和。两人在大唐重组问题上多次发生激烈争执。唐如安认为大唐移动应单独上市，而真才基却希望将大唐移动的优质资产注入大唐电信。唐如安被清理，只是大唐众多权力争斗中一个小小的缩影。TD 一日不商业化，这里就还会有更多的如“陈卫”或“唐如安”的权力之争的牺牲者。

案例 12：南极人高层集体跳槽波司登

中国著名防寒服品牌企业——波司登在媒体上刊出了大幅保暖内衣招商

广告，引来无数眼球。与此同时，南极人20多位高层集体跳槽波司登事件浮出水面。原南极人常务副总洪一清的名字赫然出现在了上海波司登董事、总经理的位置上。业内人士表示，波司登此次出击保暖内衣之所以来势凶猛，是因为在短时间内就迅速集中了一个对保暖内衣有着深刻了解的精英管理团队——20多名原南极人负责产品研发、生产、销售的技术高层。

有消息称：他们离开南极人主要是出于个人职业生涯的规划，他们的经营理念与南极人的经营理念存在不一致，他们不赞同南极人掠夺式的营销方式，注重靠机会主义追求短期利益，轻视远期目标和品牌的培养。而在这方面，波司登董事长则与他们的观点有着非常多的默契。在波司登，他们找到了同样的感觉——诚信、平稳、务实。

案例13：新东方胡敏与俞敏洪分裂

一年有数亿元收入、占据全国50%以上出国培训市场、年培训学生超过20万人次的新东方产业集团，其部分元老却因各种原因另立门户分抢市场。

有“中国雅思第一人”之称的原新东方教育科技集团（以下简称新东方）总裁、北京新东方学校校长、新东方雅思培训项目创建人胡敏出走新东方，并创办新航道教育文化发展有限公司（以下简称新航道），面向社会招生。新航道招收的学员对象和新东方完全一致，胡敏和俞敏洪短兵相接。专访胡敏得知，新航道开设的课程主要是新东方的主营业务——英语培训；在师资力量上，新航道的不少教师来自新东方。胡敏出走的真正原因是因为和俞敏洪有利益之争，新东方的体制存在问题，胡敏在这里没有话语权，自己的想法得不到落实。

新东方董事长俞敏洪承认，胡敏确实不是第一个自立门户的新东方元老。2002年，新东方IT创始人周怀军在被新东方校长办公会免职后，就挖走了新东方部分IT创业团队，创办了一个IT培训部和新东方争抢学员。新东方元老胡敏、周怀军等和新东方短兵相接并非没有先兆。实际上，就在新东方蒸蒸日上的时候，新东方的创业者之间却出现了难以弥合的裂痕，高层之间出现内斗。

案例14：克莱斯勒的文化冲撞

最为突出的购并后企业冲突莫过于并购企业之间不同文化的冲撞，这种冲撞如果不能在短期内缓解的话，势必造成极为严重的后果。而戴姆勒-克莱斯勒的购并案代表了完全不同的欧美文化。德国文化以人为本，工作严谨，计划周密，讲究平等；而美国文化则强调效益，提倡绩效，注重创新，短期行为。从购并的第一天起，两个公司就在重大文化理念和管理政策上发生摩擦和冲突，涉及美德两方高管人员的工资制定、股票期权的颁发和数额、公司短期与长期综合平衡发展等。由于德国文化在其中占有强势，克莱斯勒公司原任总裁不久便宣布辞职，十多位原班人马也随他一起离开，而高管人才的流失对戴姆勒经营出现亏损是一个相当重要的原因。

案例 15：CM 公司的情绪冲突

鲍勃·邓恩（Bob Dunn）是 CM 公司的高级副总裁，正处于产生短期利润的巨大压力下；他负责管理的部门经营的是以客户服务为导向的全新业务，并且公司的首席执行官认为这个部门是公司利润的新增长点。但是整个商业大环境呈衰败趋势，业务进展并不顺利，倒霉事也接踵而至。鲍勃·邓恩终于忍无可忍、失去理智，在公司餐厅愤怒地扔盘子——给他的同事上至知识管理部门的副总裁，下至帮助鲍勃整理 PPT 材料的员工带来了影响。

案例 16：娃哈哈宗庆后“怒辞”事件

当管理界正在探讨如何认真发挥公司董事会的作用，限制实际存在着的董事长“专政”的时候，达能与娃哈哈合资公司的原董事长宗庆后致信法国达能集团董事长里布，宣布辞职。宗庆后“怒辞”的直接导火索，是达能公司欲强行以低价并购杭州娃哈哈集团有限公司 51% 的股权。如果没什么隐情，法国的达能公司是没有什么借口在中国境内强行低价并购任何一家公司的。相关公司完全可以依法维护自己的权益，而不必在达能与娃哈哈合资公司的“家天下”里决一雌雄。如果不是在“太岁”头上动土，宗庆后即使不能制止，也不必大动肝火。除了利益的短长之外，双方都觉得失去了尊严，作为宗庆后一方，这大概也是他“怒辞”的重要原因之一。宗庆后在辞职信中表示与不懂中国市场与文化的董事合作是相当艰难的，因为达能董事永远有理，随时可以把刀架在其头上。

案例 17：亚通网络公司的多重冲突

亚通网络公司是一家专门从事通信产品生产和电脑网络服务的中日合资企业。公司自 1991 年 7 月成立以来发展迅速，销售额每年增长 50% 以上。与此同时，公司内部存在着不少冲突，影响着公司绩效的继续提高。

作为合资企业，尽管日方管理人员带来了许多先进的管理方法，但是日本式的管理模式未必完全适合中国员工。例如，在日本，加班加点不仅司空见惯，而且没有报酬。亚通公司经常让中国员工长时间加班，引起了大家的不满，一些优秀员工还因此离开了亚通公司。亚通公司的组织结构是直线职能制，部门之间的协调非常困难。例如，销售部经常抱怨研发部开发的产品偏离顾客的需求，生产部的效率太低，使自己错过了销售时机；生产部则抱怨研发部开发的产品不符合生产标准，销售部门的订单无法达到成本要求。研发部胡经理虽然技术水平首屈一指，但是心胸狭窄，总怕他人超越自己，因此常常压制其他工程师。这使得工程部人心涣散，士气低落。

案例 18：伊利牛根生扫地出门

1998 年，伊利副总裁牛根生突然被总裁郑俊怀扫地出门，在此之前，牛根生主管全国生产经营，业绩一直特别出色。此后，牛根生白手起家，受尽老东家伊利的打压，硬是在重重围剿之中杀出一条血路，6 年后，蒙牛的销售额和市场占有率超过伊利成为全国第一。牛根生曾是当年伊利的第一功臣，伊利 80% 以上的营业额来自牛根生主管的各个事业部。然而，敏锐的牛根生发觉郑俊怀对他开始产生戒备的心理以及“陌生感”和“不信任感”，郑俊怀决定和牛根生“决裂”的导火索在于企业发展战略的分歧。郑俊怀的战略思想是稳中求胜，而牛根生的战略思想却是大胆挺进，利用一切可以利用的手段和资源让伊利“超常规成长”。但是，郑俊怀担心，如果伊利按照牛根生的战略思想发展，自己就会对伊利失控，这是他绝对不允许发生的。这时候，郑俊怀已经下决心让牛根生出局。

牛根生总共向郑俊怀递交了三次辞呈。第一次和第二次，郑俊怀都说了一些挽留的话，牛根生只好收回了辞呈。但牛根生发现自己的环境不仅没有改变，而且越来越恶劣。牛根生第三次递交辞呈是在伊利的一次董事会上。郑俊怀迅速做出决定：伊利有他没我，有我没他！

案例 19：三洋制冷挑起部门间冲突

三洋制冷（大连三洋制冷有限公司）从 2002 年起开始引进日本丰田的精益生产方式，重点消除生产现场中存在的“七种浪费”，前期取得了比较大的成效。然而在实施过程中发现：生产现场作为一个开放式的系统，除了受到生产制造部门的直接领导外，还必须在某种程度上接受技术、质量、供应、计划、设备等职能部门的制约，不可避免地受到系统外部因素的影响。由于受传统管理思想的影响，一些职能部门通常认为本部门在业务上领导生产部门，而忽视对生产部门支持方面的职责。针对上述问题，公司经营者认为如果不解决各职能管理部门的思想转变问题，则精益生产方式就无法得到有效实施。在这种情况下，公司经营者认识到，企业内部各部门之间在绩效考核方面一团和气，不关痛痒，长此以往企业将逐步丧失活力和生机，创建世界一流企业的长远目标只能是空谈。因此，通过引入冲突，激发了各相关部门的工作改进意识，打破了这种暮气沉沉的状态，挑起了各部门之间对利益的争夺，在冲突中改进工作，提高效率。

案例 20：英特尔的建设性冲突文化氛围

英特尔的创始人诺伊斯自幼就反叛权威，因无法忍受诺贝尔物理奖得主威廉·夏克利的实验室工作，劝服实验室里最好的伙伴戈登·摩尔（英特尔第二任执行官）一起离开，同时把在 Fairchild 表现杰出的格鲁夫（英特尔第三任执行官）找来，成立英特尔公司。面对冲突、解决问题，是这 3 人共有的特质，从英特尔成立第一天开始，他们就决定把企业组织从“帝制”改为“共和”，打破一言堂，所有人都可根据事实发言，没有官大学问大这件事。在会议室里，每一位与会人员都被鼓励发表意见，这种鼓励甚至是带有强迫性的。英特尔开会的模式是把冲突和不同意见带到会议桌上，公开讨论，借由多方激荡和质疑，形成建设性冲突，尽量去除思考死角，找到解决方案。建设性冲突早在 1968 年于硅谷成立的英特尔就可见到。英特尔创办人之一暨首任执行官罗伯特·诺伊斯在公司成立之初就提出：“建设性冲突是创新科技的重要手段，也是我们管理英特尔的指南。”

7.2　案例特征分析

纵观上述案例，从企业类型、冲突主体、主体特征、冲突动因、冲突过程、冲突的处理方式以及冲突结果及对企业的影响等不同角度对各案例进行分析，可归纳于表 7 - 1。

表 7－1　高层管理团队冲突案例特征对照表

案例序号	公司名称	公司类型	冲突主体	主体特征	冲突动因	冲突过程	冲突处理方式	冲突结果和影响
案例 1	中国华晨	控股有限公司	经理层与创始人	团队与个人	利益诱惑	通过相互免职的行为为冲突方式	双方相互妥协	创始人出局(华晨四大金刚接替旧主仰融)
			经理层与新董事层(华晨四大金刚与辽宁省政府)	团队与团队	未兑现期权	对董事层迟迟不兑现所承诺的期权极大的不满	采取实际性对抗行动,如抛售股票计划	高层团队部分成员辞职,团队受到重创
案例 2	长城宽带	股份有限公司	经理层与董事会	团队与团队	由资本结构的变化导致的资本发言权的变化	董事会代表对公司组织结构和技术业务的彻底性改革	经理层集体离职	任命新一轮被中信认可的经理层管理者
案例 3	香港 Logistics 洋行	上市公司	香港管理层与大陆管理层	团队与团队	管理层重整后使得原本存在的文化冲突更加恶化	双方高层管理人员互相找对方毛病,彼此推卸责任	双方高层管理人员互相抗争,董事会成为了战场	公司经营业绩大幅下降,董事会无法控制冲突的局面,从而打算卖掉公司
案例 4	摩根斯坦利投资银行	投资银行	并购后的摩根与添惠(添惠代表人:裴熙亮;摩根代表团:以前总裁罗伯特·格林西尔为首的 8 位前高管)	团队与团队	公司并购带来的文化冲突、派系之争(添惠代表人裴熙亮对摩根斯坦利高层大换血)	8 位摩根前高管有预谋地共同弹劾现任 CEO 裴熙亮,要求其离职	现任 CEO 裴熙亮采取有效补救措施来抵抗弹劾对他职位的影响	冲突使得公司高层内讧公开化和白热化,冲击力较大
案例 5	中保康联公司	合资公司	中方管理层与澳方管理层	团队与团队	地域差异、观念冲突、文化冲突	差异导致业绩平平,冲突导致信任危机	总经理不断请辞,4 年更换 4 届	公司高层管理团队不稳定导致团队内部缺乏沟通、信任和理解
案例 6	成都鹰联航空	民营企业	董事长与总经理	个人与个人	工作中产生的私人恩怨	董事长提出解聘女 CEO	女 CEO 不接受未经董事会讨论的解聘书	鹰联航空 CEO 由李继宁兼任

续表

案例序号	公司名称	公司类型	冲突主体	主体特征	冲突动因	冲突过程	冲突处理方式	冲突结果和影响
案例7	宗申集团	家族民营企业	总裁与副总裁	个人与个人	弟弟的意见得不到重视，且在公司持股太少	副总裁的弟弟辞职	公司内部采取回避的态度；但在市场上进行新一轮竞争	辞职后左宗庆很快组建了另一家同业公司，与兄长的公司形成了竞争的格局
案例8	UT 斯达康	股份有限公司	CEO 与董事会	个体与团队	在公司发展战略方面存在分歧	吴鹰的意见未能得到董事会的重视	首席执行官兼中国区 CEO 吴鹰提出离职	董事会重新推举能代表董事会利益的新任 CEO
案例9	中银香港	上市公司	个人内在冲突	个人心理冲突	重组前，众分行小金库带来的利益诱惑	利益诱惑与职业道德相互抵触	利益诱惑下突破职业道德的底线，开始私分小金库	5名最高管人员已有4人因涉嫌不法行为黯然落马，国企股受重创，投资者遭打击
案例10	雅虎奇虎	民营企业	高层管理者之间	个人与个人	观念差异、目标不同、	由争吵升级到指责对方诽谤，直至闹上法庭	其中一人离职，且签下“互不评论”协议禁止双方再互相攻击	奇虎和雅虎开始激烈竞争，老上级成为新对手
案例11	大唐移动	国有企业	董事长与总经理	个人与个人	对公司重大战略问题发生争执	国企内的政客们一手遮天，容不下不同的声音	大唐移动总经理离职	机制腐化、政客独断专权、企业业绩难以提升
案例12	南极人	民营企业	董事会与高级经理们	团队与团队	公司经营理念不被高级经理层接受	不约而同地跳槽至波司登	集体跳槽到竞争对手的公司	南极人损失惨重，波司登获得精英管理团队
案例13	新东方	民营培训学校	高层管理者之间	个人与个人	无话语权，利益不均	胡敏出走	胡敏自立门户，和俞敏洪短兵相接	两家争夺教育市场，成为激烈竞争对手

续表

案例序号	公司名称	公司类型	冲突主体	主体特征	冲突动因	冲突过程	冲突处理方式	冲突结果和影响
案例 14	克莱斯勒	跨国股份有限公司	并购企业双方高层管理成员	团队与团队	并购企业之间价值观、不同文化的冲撞	德国文化占强势地位，美国文化较弱	原任总裁宣布辞职，原班人马也随之离开	高管人才的流失导致戴姆勒经营出现亏损
案例 15	CM 公司	股份有限公司	CM 公司的高级副总裁	个人情绪冲突	工作压力、家庭烦恼、人员调配的刺激	失去理智在公司餐厅愤怒地扔盘子	专家建议其休假，看心理医生，公开道歉等	影响上至知识管理部门的副总裁，下至普通员工
案例 16	娃哈哈	合资公司	合资公司董事长与外资母公司董事长	个人与个人	达能公司强行并购娃哈哈集团有限公司的 51% 股权	可能存在隐情使得达能与娃哈哈合资公司的中方未抗争	达能与娃哈哈合资公司的董事长宗庆后“怒辞”	利益之争使得双方都觉得失去了尊严，外资企业最终取得控制权
案例 17	亚通网络公司	中日合资企业	高层管理者之间	个人与个人	文化差异与组织结构不合理	高层管理者之间的沟通和协调出现问题，相互抱怨	未有明显处理方式	各类冲突影响公司绩效继续提高
案例 18	蒙牛	民营企业	原伊利总裁与副总裁	个人与个人	企业发展战略的分歧	坚决反对副总裁的战略思想	原伊利总裁同意副总裁出局	牛根生白手起家，功成名就；而郑俊怀因不义之财锒铛入狱
案例 19	三洋制冷	有限公司	各部门之间	群体与群体	精益生产需要引导各部门有意识的冲突	促使各部门改进工作意识，提高效率	冲突激化时，采用第三方协调冲突问题	促进企业内部竞争文化，经营效率大大提高
案例 20	英特尔	股份有限公司	三位创始人	个人与个人	不同意见	探讨、争论、质疑等	鼓励发表意见	尽量去除思考死角，找到解决方案，寻找创新思维模式

按照冲突对象的不同层面，可分为团队与团队冲突、个人与团队冲突、个人与个人冲突及个人内在冲突，如图7－1所示。

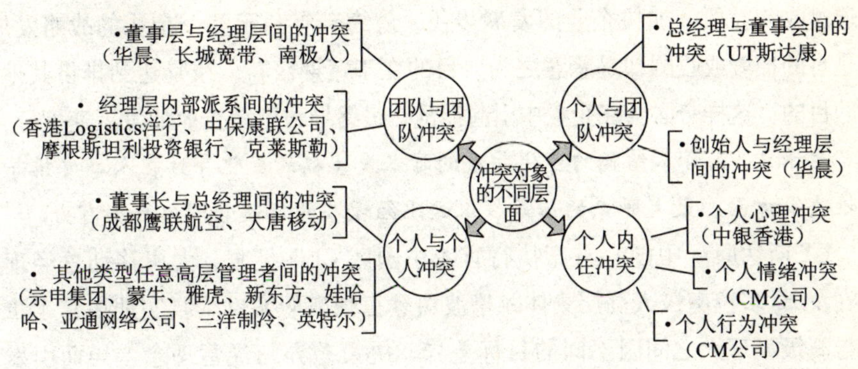

图7－1　群体案例归类图

7.3　案例评点与案例启示

1. 董事层与经理层之间的各类冲突评点及启示

华晨经理人的曲折经历所暴露出来的经理层与新董事层之间不可调和的矛盾主要表现在如何重新认识职业经理人作用的问题、国有资产的代言人与职业经理人的委托代理问题、惯有的薪酬体系与对职业经理人的巨额激励之间的冲突问题。华晨高层之变，源于苏强等4人对辽宁省政府（新董事层）迟迟不兑现所承诺的期权极大的不满所造成的。期权本身并非国有资产的代言人与职业经理人之间博弈的工具，而应成为联系企业的长期业绩与职业经理人收益的纽带。同时，期权激励制度的基础应该是相互信任的机制和文化，薪酬激励制度设计的目标是股东与管理层共赢。

启示1：如果没有对契约建立起来的信心和绝对的尊重，人和人之间就存在更大的不信任感，国内企业也会不断暴露出董事会与高层管理者之间因价值观、利益等因素而产生思想冲突，进而相互背叛的行为。

多股东产权结构的长城宽带高管层震荡事件是由资本结构的变化所引发的，其表现形式是董事会新任话语权代表对公司组织结构和技术业务所进行的彻底性改革。这一事件让人们联想到一句中国的古话：一朝天子一朝臣。然而，谁拥有最大资本话语权，谁就是企业的天子。因此，资本话语权争夺战在企业高层频频上演，且在上市公司中表现得尤为突出，主要形式为基于股权的控制权之争，这种争夺经常发生在股权比较分散的企业。本来，有实力的大股东通过收购控股，加快企业的发展步伐，最终会有利于整个企业的战略发展。但是有的控股或收购却是恶意之为，目的在于短期获益，或是达到排挤其他股东的目的，这样势必会在企业中引起混乱，最终导致延缓企业的发展速度。

启示2：由资本结构的变化导致的资本发言权的变化导致在人事安排等战略性决策方面，最大股东的话语权永远比经理人的行政管理权更加有力。

UT斯达康（中国）首席执行官兼中国区CEO吴鹰、大唐移动总经理唐如安及20多位南极人高层集体跳槽波司登三则离职案例均真实地揭露了董事会与高级经理人之间因不同的目标差异、决策差异与经营理念差异而引发的委托代理之间的博弈。董事会以经营管理知识、经验和创造能力为标准，选择和任命适合本公司的职业经理人；受委托的职业经理人作为董事会的代理人，在董事会的授权范围内从事内务事务管理权，并接受董事会的监督。董事会追求的是股东收益最大化，尤其是确保其受委托组织收益的最大化，而经理人员追求目标除股东综合利益最大化外，尚追求自身的声誉、职位消费、自身价值、可支配的控制权等多重目标最大化。由于董事会成员与经理人员均为理性经济人，都有追求个人效用最大化的倾向，当二者群体或个体之间基于收益与成本比较后选择的目标追求不同时，便产生了因目标差异而形成的冲突现象的发生。

启示3：由于机会主义动机的存在，就会在现有资源限制下，追求个人综合效用的最大化，包括薪酬、岗位、权力等。作为董事会及经理层的个体来说，同样具有追求效用最大化的动机与动力。因此，应从经济人的角度设计综合激励与考核机制，从而使二者在综合体系下高效完成各自职责，达成企业价值的最大化。

在新东方案例中，原新东方教育科技集团总裁、北京新东方学校校长、新东方雅思培训项目创建人胡敏出走的真正原因是因为和俞敏洪有利益之争，新东方的体制存在问题，胡敏在这里没有话语权，自己的想法得不到落实。与此类似的宗申集团副总裁、左宗申的弟弟左宗庆突然辞职的动机也是由于意见得不到重视，利益得不到公平的分配；还有达能与娃哈哈合资公司的原董事长宗庆后怒辞事件都是源于不同程度和表现形式的利益冲突。

启示4：企业所有者希望职业经理人付出更多的努力，得到尽量少的钱或其他利益；职业经理人则希望付出较少的努力，而得到更多的钱或其他利益。

2. **经理层之间的各类冲突评点及启示**

在华尔街著名投资银行摩根斯坦利案例中，自1997年与添惠公司合并之后，摩根与添惠两派之间的明争暗斗从未停息过，而代表添惠公司的裴熙亮除了安插人员进入合并后的摩根斯坦利添惠公司的董事会与高级管理层之外，还排挤掉了近乎左右他的对手，以巩固其在公司的地位。最近，被排挤出局的8位摩根前高管有预谋地共同弹劾现任CEO裴熙亮，要求其离职，从一定程度上来说，今日摩根的高层内讧，是裴熙亮自己种下的隐患。在摩根斯坦利投资银行并购案例中，并购后面对两种不同的企业文化，代表添惠的裴熙亮不仅没有采取措施想办法融合，并且努力与摩根的高管建立相互信任的协作关系，反而采取了排除异己的办法，从而加重了合并后企业文化的分裂。通过换血赶走了摩根斯坦利原有那些有才能的人，裴熙亮是以牺牲公司的潜在利益和股东价值为代价来获得自己权力的安全保障。这则并购案例的文化冲突表现在不同性格的CEO在并购之后所发生的公司政治上的较量，这与国内企业间并购之后的上层领导人之间的冲突没有本质的区别。类似的还有戴姆勒－克莱斯勒的购并案中欧美文化的冲突与较量。

启示5：在摩根斯坦利案例中，这种较量通常以文化冲突为幌子，实际是双方在政治手腕上争权夺势的较量，一年或两年胜负就会有分晓，通常以其中一人的个性或领导力强势而取胜。同时，在整合的组织环境里能否迅速解决管理与文化层面可能发生的冲突，是并购企业在海外经营成功的关键。

香港Logistics洋行的香港管理层、大陆管理层并存的双轨治理结构、中保康联的中方管理层、澳方管理层并存的双轨治理结构以及亚通的中日企业文化差异使得三家合资公司的高层内部总是存在不同程度的股东冲突、观念冲突与文化冲突，团队内部缺乏沟通、信任和理解。因此，由于地域差异所导致的这些冲突引发了高层管理团队之间的派系之争，剧烈的派系之争可能会造成企业出现“三个和尚没水喝”的局面，有事互相推诿，造成企业内耗严重。如果存在一定的、不影响企业发展的派系，这是正常的，也是必要的，我们不能全面排斥派系之争，而且有竞争才有发展。但问题的关键是企业所有者对派系之争缺乏掌控的远见和能力，使得一些派别能够影响甚至左右企业的发展，那是非常危险的。

启示6：在不同文化的冲突下，企业要想获得大的发展，必须高度重视文化差异。在相互尊重、理解的基础上，建立一个全新的管理模式，以期更好地实现企业的目标。

原伊利总裁郑俊怀与原伊利副总裁牛根生之间因企业发展战略的分歧而分道扬镳、雅虎田健与奇虎周鸿伟两虎因观念差异和目标不同反目成仇，这两则案例均为企业高层管理人员因个人价值观、信念以及对公司战略目标的期望与他人相悖而引发的冲突。这种冲突往往是由于不同企业高层管理人员之间的教育背景、生活经验以及个人的目标和对未来理解的差异而引起的。这种冲突是深层次的冲突，更具持久性，也更难以改变。因此这类冲突一旦出现，随之而来的就是高管的出走、团队的分裂。

启示7：高管往往在公司中独当一面，对于公司战略以及公司运营会形成自己的见解与主张，也会在管理公司的过程中形成自己的管理思维以及行为模式。当他发现自己和企业最高领导层在这方面存在分歧、冲突而自己又坚持己见时，就会考虑选择离职，或者当他感到与更高管理层的关系不和谐时，也会选择离职，正如所谓的道不同不相为谋。

3. 多种公司制度下高层管理团队典型冲突现象评点及启示

宗申集团作为家族企业的一个典型案例，其高层的出走实际是一个家族企业发展到一定程度时发生的裂变，这种裂变不啻中国独有。从案例中可以看出宗申在分股份时私大于公，忽略了企业尊重人才的法则。左宗庆的出走也并不完全是金钱的问题，同时也跟公司对其贡献的承认度有关。

启示8：企业在创业初期矛盾并不突出，或被其他问题所掩盖，当企业做大后，矛盾可能就回避不了，因此分道扬镳不可避免。特别是在家族企业里，一股独大的人往往有着决定性的话语权，而在这时，如果其他成员对公司的战略、目标等原则问题有不同的想法，而这种不同又不能弥合的话，另起炉灶未必就不是一个好的选择，如著名的阿迪达斯与彪马公司、日本的松下公司与三洋公司。

合资企业的例子在所列举的群体案例中也不胜枚举。以中外合资公司为例，如中保康联、娃哈哈、亚通网络公司，在前面介绍的案例背景下，发现所有的合资企业高层管理团队均具有跨文化的特点。由于合资企业是由中外双方共同经营、共同管理，所以在经营活动中，分别体现着中方与外方两种不同文化的处世原则，同时合资企业管理团队内部成员还具有不同的信念、价值观、态度及行为，这会导致双方产生不同的组织观念、管理行为和冲突协商机制等。这些不同的文化在此便发生了碰撞，产生了矛盾，从而会使企业正常的经营活动受到影响，分歧严重时可使企业走向解体。

启示9：合资企业内的冲突主要表现在：合资各方因国家间文化差异而产生的冲突；企业各方高管的价值观差异、信息差异、目标差异、角色差异产生的冲突；合资各方因企业文化和管理模式的差异而产生的冲突。合资企业各方是否能够相互容纳、相互融合，是合资企业经营成功的关键因素之一。

以华晨为代表的国有控股企业高层冲突现象中，从政府的角度来看，华晨正是依靠国有企业的名号获得很多的支持，才得以快速地发展壮大，苏强等职业经理人对于华晨的贡献则要大大地打上折扣。自辽宁省政府完成华晨中国的收购，主要领导又做了调整以后，四大金刚的作用已显得不是十分重要了。而此时尚未从仰融时代走出来的高管们与政府间对于管理层的贡献及作用问题存在分歧是必然的。苏、何的离职事件说明，中国经济转型时期的企业产权归属、管理层的贡献认定及激励体制安排，在相当时间内会对管理层的稳定产生重要的影响。

启示10：国有企业惯有的业绩考察制度及政府与职业经理人相互信任的缺失，使得双方在企业经营方向上存在分歧，最终只能以职业经理人选择离开为结局。

4. 因冲突而导致高层管理者个人离职或集体叛逃现象评点及启示

从高层管理团队阶层形成以来，高管与企业老板之间的分分合合，恩恩怨怨就一直纠缠不清。长城宽带高层的集体离职、中保康联总经理一职的频繁更替、成都鹰联女CEO的解聘、宗申集团左宗庆的出走、UT斯达康CEO吴鹰的离职、大唐移动总经理的离职、南极人的集体叛逃、新东方胡敏的出走与自立门户、克莱斯勒的高层换血、达能与娃哈哈合资公司宗庆后的辞职、原伊利副总裁牛根生的解聘，如此众多的事件中，高管与企业所有者一起，联袂演了一出出精彩的话剧，搅得周天寒彻。

高管的个人离职或集体叛逃，轻则降低士气，重则给公司运营带来致命威胁，其后果有四。一为动摇军心。孙子云：“三军可夺气，将军可夺心”，南极人案例很好地说明了这一点。高管的流失，很容易使员工的心理受到震撼，而理解为企业的危机，尤其是中下层的员工，会形成士气低落。上市公司还会造成股价的震动，也同样打击员工士气，给企业带来负面影响。二为企业经营风险。高管的离职往往可能造成企业战略的缺失、导致战略执行的落空，而且还可能带走一些重要客户，给企业带来或轻或重的经营危机与财务危机。而且重要职位的空缺也直接导致人力资源的重置成本增加以及公司职责的空白与真空，为企业带来风险，如辞职后左宗庆很快组建了另一家同业公司，与兄长的公司形成了竞争的格局，同时还带走了很多核心客户资源。三为人力资源优势丧失。特别对于知识型企业而言，企业的竞争优势就是依靠某一领域的独特知识而形成的核心能力。在企业中这些高管人员往往就是企业知识的核心生产者，当他们离开时，他的经验、办事方式和思维方式也随之消失或转移到新的公司中，这对于企业来说就是个莫大的损失，严重时甚至导致积累发展下来的核心优势荡然无存。例如，在新东方，离职人员都是在其教学领域具有号召性的人物，他们的离职对于企业的影响是不容置疑的。四为企业多面受敌。像新东方、宗申集团的这些离职者，不是投敌到既有的竞争对手就是创建了新的竞争对手，从而使企业陷入更加多面受敌的残酷竞争局面中，而且这些竞争对手也因此更了解企业，从而使企业陷入到更残酷的商业恶斗中。

启示11：对于高管来说，由于退出成本很低很容易产生一次性博弈的行为。在委托人对企业管理监管不足的情况下，不少人抱着“捞一把就走”的心理在企业管理中做出短期行为。

5. 建设性冲突的启示

从三洋制冷“挑起良性冲突”的创新战略到英特尔“打破一言堂”的学习模式中可以看到，组织需要拥有不同知识背景的员工，从而形成创造性摩擦。每种类型的知识都有各自的局限，如果组织受限于某种固定类型的知识，不仅会抑制创新，也会加大组织运行的风险。知识冲突需要适当地激发。很多企业在已有的模式中运作多年，会逐渐形成一种刚性和惰性，即使在现有模式走下坡路的情况下也不会轻易改变。因此，为了提高组织绩效，企业的经营者在部门间冲突程度过低时，可以通过制定新的管理要求，利用利益的争夺，主动挑起各部门间的建设性冲突，以达到打破停滞状态，激发企业活力的目的，促进企业保持健康的发展势头。三洋制冷案例很清楚地说明了这一点。

启示12：建设性冲突是一种积极思考，用意在于把双方或多方对于同一个议题所存在的差异，主动凸显，让各方陈述理由，并接受不同意见质疑。冲突是这个过程的重点，把不同想法和基于不同立场的观点释放出来，从而得出更行之有效的结论。

第8章　企业高层管理团队冲突的问卷统计实证

8.1　背景介绍及基础数据

本统计分析旨在基于问卷调查，对特定样本的企业高层管理团队冲突的特征、效果、处理方式以及其相关性进行统计验证与归纳。调查对象为武汉理工大学管理学院 MBA 学员，涉及国有、民营、合资等类型企业以及制造业、批发零售业、住宿餐饮业、社会服务业、金融业等行业。问卷设置了40个问题。问卷发放和回收的时间是2007年3～8月，共发放纸式调查问卷112份、网上问卷220份，总计回收问卷294份，有效问卷（空白及错误填写率小于1%且严格隶属高层管理团队）228份，有效回收率为77.6%。

本次问卷设定了个体特征及工作背景两类变量。其中个体特征变量包括年龄、学历、职务及任职时间；工作背景变量包括企业类型、企业规模、所在行业及团队规模，如表8－1所示。各类别具体数据见表8－2。

个体特征变量方面，样木年龄在40岁以下共180人，占总人数的78.9%，年龄结构年轻化；学历均在本科及本科以上，其中研究生或以上26.32%，学历结构高；现任职董事长48人，总经理54人，副总经理54人，各部经理72人，多为一线高层管理团队成员，任职结构核心化；任期在5年及5年以下隶属中短期范畴有174人，占总体的76.32%，任期结构短期化。

工作背景变量方面，受访对象所在企业以国有、民营居多，占总体数量的81.58%；企业规模分布较均匀，6个小类所占比例均在13%～25%之间；高层团队规模集中在6～10人和11～15人两个分段；所在行业分布有偏颇，制造业和其他行业数据144个，占绝大多数，而金融业数据仅6个。

表 8-1 基础数据变量

变量（Variable）	个体特征 IC（Individual Characteristic）		工作背景 WB（Work Background）	
内容（Content）	年龄	Age（A）	企业类型	Nature of Enterprise（N）
	学历	Educational Background（E）	企业规模	Enterprise Scale（ES）
	职务	Duty（D）	所在行业	Industry（I）
	任职时长	Post Duration（P）	团队规模	Team Scale（TS）

表 8-2 样本信息描述

	类别	范围	人数	比例（%）	类别	范围	人数	比例（%）
个体特征变量	A	29 岁以下	12	5.27	E	大专及以下	0	—
		30～39 岁	168	73.68		本科	168	73.68
		40～49 岁	42	18.42		研究生及以上	60	26.32
		50 岁以上	6	2.63		—	—	—
	D	董事长	48	21.06	P	1 年及以下	96	42.11
		总经理	54	23.68		2～5 年	78	34.21
		副总经理	54	23.68		6～9 年	42	18.42
		各部门经理	72	31.58		10 年以上	12	5.26
	类别	范围	人数	比例（%）	类别	范围	个数	比例（%）
工作背景变量	N	国有企业	78	34.21	TS	1～5 人	18	7.89
		民营企业	108	47.37		6～10 人	144	63.16
		中外合资企业	30	13.16		11～15 人	36	15.79
		外商独资企业	12	5.26		16 人以上	30	13.16
	ES	小于 50 人	36	15.79	I	制造业	84	36.84
		50～100 人	54	23.68		批发零售业	24	10.53
		100～500 人	30	13.16		住宿餐饮业	30	13.16
		500～1 000 人	36	15.79		社会服务业	24	10.53
		1 000～2 000 人	30	13.16		金融业	6	2.63
		2 000 人以上	42	18.42		其他行业	60	26.31

注：社会服务业包括旅游、娱乐、咨询、计算机服务业。

8.2 基础统计分析

1. 高层管理团队离职动因分析

问卷以复合式及具启发性的设问调查高层管理者的离职原因。在回收的有效样本中，近年来公司出现高层管理者主动提出离职或调动工作的共108例，占总体的47.3%。按离职原因的选择频率高低排序依次为：观念差异大（31%）、人际关系不和（31%）、家庭原因（19%）、权责不清（13%）、利益分配不均（6%）及发展空间小（0%），如图8-1所示。可见，观念差异及人际关系不和是造成高层管理团队出现成员流出的主要原因；而权责不清、利益分配不均及发展空间小对团队稳定性的影响相对较小；作为6类离职原因中的唯一外因，家庭对高层管理团队精英去留影响效应已居第3位，不可忽视。

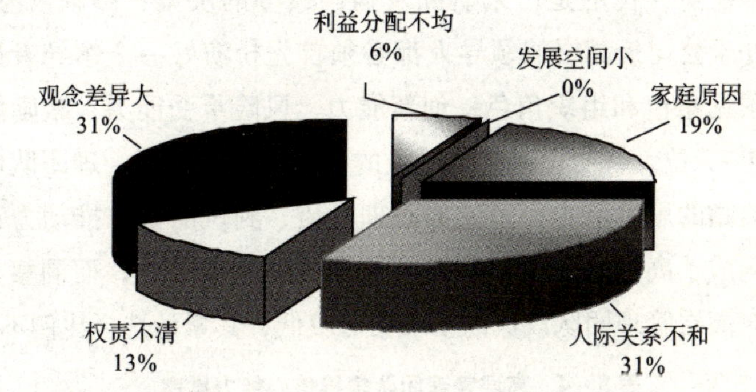

图8-1 高层管理团队离职动因示意图

为进一步揭示不同企业高层管理团队成员的离职原因，此处以公司类型为剖面进行分析发现（见表8-3），4类企业最关键的离职因由各异：国有企业为人际关系不和，民营企业和外商独资企业是观念差异大，中外合资企业则首推家庭；而观念差异大一项共为4类企业的主要离职原因，人际关系不和多出现在国有企业和中外合资企业，家庭同为民营企业和中外合资企业的重要离职影响因素，权责不清较集中出现在国有企业和民营企业。

表8-3 基于公司类型的离职原因分析表

离职动因 公司类型	第一位	第二位	第三位
国有企业	人际关系不和（42.86%）	观念差异大（28.58%）	权责不清（14.29%）
民营企业	观念差异大（36.36%）	家庭原因（18.18%）	权责不清（9.09%）
中外合资企业	家庭原因（37.16%）	人际关系不和（17.12%）	观念差异大（12.34%）
外商独资企业	观念差异大（100%）	—	—

2. 高层管理团队领导核心能力分析

高层管理团队领导所需具备的核心能力多样。问卷从领导特质理论出发，在研究并分析多个MBA案例后，归结出10种主要的领导核心能力供受访者选择，分别是协调能力、沟通能力、激励能力、洞察能力、学习能力、风险承受能力、创新能力、判断能力、决策能力及规划能力，其选择结果如表8-4所示。排在前3位的是历来研究及强调最多的决策、协调、沟通能力，说明即便是处于公司最高层的领导人都必须首先扮演好一个领导者最关键亦是最基本的预见角色和组织角色；创新能力、风险承受能力、激励能力及学习能力分列4~7位，说明比起其他层级的领导干部，高层管理团队成员更应该拥有持续前瞻的思维能力、过硬的心理素质、到位的工作推动力和自我提升能力，其构成了高层管理团队在管理层面的核心竞争力；而洞察力、判断力及规划力对高层管理团队成员的要求相对较低，其累计选择比例不足16%。

表8-4 高层管理团队领导核心能力排序

领导核心能力	比例（%）	排序
协调能力	11.73	3
沟通能力	13.97	2
激励能力	10.06	6
洞察能力	6.15	8
学习能力	9.50	7
风险承受能力	10.61	5
创新能力	11.17	4
判断能力	5.59	9
决策能力	17.32	1
规划能力	3.91	10

公司规模是公司实力的一个重要衡量指标。目前，按现行大中小企业的划分标准，需分不同行业并同时使用销售额、员工人数及资产总额 3 个指标进行界定。为简化统计步骤，此处设定员工人数为唯一测量值，认为拥有员工 100 人以下属小型企业，100 ~ 1 000 人为中型企业，1 000 人以上为大型企业。依据该处理方式归类，样本中任职小型企业的学员共 72 人，占总体的 31.58%，中型企业 66 人，占 28.95%，大型企业 90 人，占 39.47%。以公司规模为维度的高层管理团队领导核心能力排序结果如表 8 - 5 所示。

大型企业对高层管理团队成员决策能力（12.90%）、协调能力（12.90%）、学习能力（12.90%）的要求居首位；中型企业认为决策能力（18.18%）、沟通能力（16.36%）、创新能力（12.73%）及激励能力（12.73%）更重要；小型企业则偏向于决策能力（20.97%）、沟通能力（14.52%）及风险承受能力（12.90%）。基于此绘出 3 类企业对高层管理团队领导核心能力要求的关系图，见图 8 - 2。从共性来看，大、中、小型企业最迫切需要具决策力的高层管理团队领导人才；就交互而言，大、中型企业看重创新能力；中、小型企业偏重沟通能力；大、小型企业要求风险承受能力。从个性来看，大型企业看重高层管理团队成员的学习能力；中型企业要求激励能力；小型企业定协调能力。可见，由于不同规模企业所居市场地位、所定发展战略不同，其对高层管理团队领导核心能力的要求各有特点。

表 8 - 5 基于公司规模维度的高层管理团队领导核心能力排序

核心能力	大型企业		中型企业		小型企业	
	比例（%）	排序	比例（%）	排序	比例（%）	排序
协调能力	12.90	1	10.91	5	11.29	4
沟通能力	11.29	4	16.36	2	14.52	2
激励能力	11.29	4	12.73	3	6.45	7
洞察能力	9.68	8	3.64	9	4.84	9
学习能力	12.90	1	9.09	6	6.45	7
风险承受能力	11.29	4	7.27	7	12.90	3
创新能力	11.29	4	12.73	3	9.68	5
判断能力	3.23	9	5.45	8	8.06	6
决策能力	12.90	1	18.18	1	20.97	1
规划能力	3.23	9	3.64	9	4.84	9

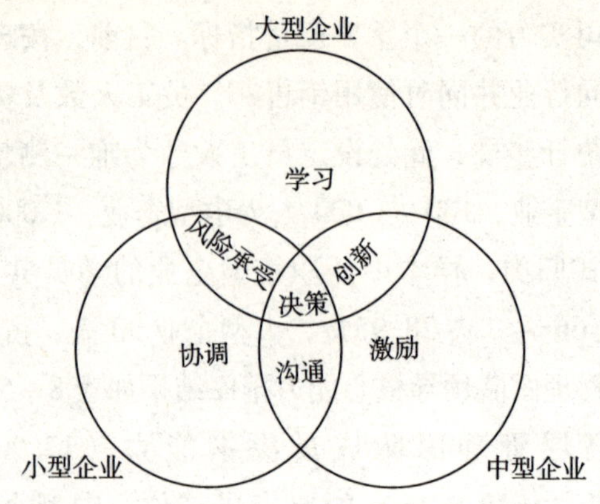

图8-2 不同规模企业高层管理团队领导核心能力的关系

3. 高层管理团队冲突处理方式分析

高层管理团队冲突处理方式大体包括回避、迁就、妥协、合作、强迫、邀请第三方干预及其他7类。就统计结果来看（见表8-6），选择合作或其他方式的有71.06%，占总体的绝大多数；邀请第三方干预（15.79%）、回避（10.53%）、迁就（2.63%）分列其后；妥协及强迫方式的选择人数为0。

表8-6 高层管理团队冲突处理方式描述性统计

冲突处理方式	回避	迁就	妥协	合作	强迫	邀请第三方干预	其他	合计
份数	24	6	0	102	0	36	60	228
比例（%）	10.53	2.63	0	44.74	0	15.79	26.32	100
排序	4	5	6	1	6	3	2	—

任何一种冲突处理方式的选择实质是该特定个体个性特征的体现，任一具体的行为人会因个体因素的差异对冲突作出不同的反应。因而此处将引入年龄、学历、任期时长3个个体特征变量，采用假设检验方法探讨相关问题。

假设1：在排除其余两者因素影响的前提下，年龄、学历、任期时长分别与冲突处理方式具相关关系。

假设2：年龄、学历、任期时长与冲突处理方式间具交互作用。

针对假设1的设问，应用偏相关分析予以解答，其分析结果如表8-7、表8-8、表8-9所示。由于各显著性检验值均远大于0.05，说明此三者与冲突处理方式间的相关关系不显著，假设1不成立，即就目前的样本而言，尚不能断定年龄、学历、任期时长分别与冲突处理方式具有相关关系。

表 8－7 年龄与冲突处理方式的偏相关关系

<table>
<tr><th>控制变量</th><th colspan="2">统计变量及内容</th><th>冲突处理方式</th><th>年龄</th></tr>
<tr><td rowspan="6">学历、任职时长</td><td rowspan="3">冲突处理方式</td><td>相关系数</td><td>1.000</td><td>-0.029</td></tr>
<tr><td>显著性检验（双尾）</td><td>—</td><td>0.866</td></tr>
<tr><td>自由度</td><td>0</td><td>34</td></tr>
<tr><td rowspan="3">年龄</td><td>相关系数</td><td>-0.029</td><td>1.000</td></tr>
<tr><td>显著性检验（双尾）</td><td>0.866</td><td>—</td></tr>
<tr><td>自由度</td><td>34</td><td>0</td></tr>
</table>

表 8－8 学历与冲突处理方式的偏相关关系

<table>
<tr><th>控制变量</th><th colspan="2">统计变量及内容</th><th>冲突处理方式</th><th>学历</th></tr>
<tr><td rowspan="6">年龄、任职时长</td><td rowspan="3">冲突处理方式</td><td>相关系数</td><td>1.000</td><td>0.107</td></tr>
<tr><td>显著性检验（双尾）</td><td>—</td><td>0.536</td></tr>
<tr><td>自由度</td><td>0</td><td>34</td></tr>
<tr><td rowspan="3">学历</td><td>相关系数</td><td>0.107</td><td>1.000</td></tr>
<tr><td>显著性检验（双尾）</td><td>0.536</td><td>—</td></tr>
<tr><td>自由度</td><td>34</td><td>0</td></tr>
</table>

表 8－9 任职时长与冲突处理方式的偏相关关系

<table>
<tr><th>控制变量</th><th colspan="2">统计变量及内容</th><th>冲突处理方式</th><th>任职时长</th></tr>
<tr><td rowspan="6">年龄、学历</td><td rowspan="3">冲突处理方式</td><td>相关系数</td><td>1.000</td><td>-0.317</td></tr>
<tr><td>显著性检验（双尾）</td><td>—</td><td>0.059</td></tr>
<tr><td>自由度</td><td>0</td><td>34</td></tr>
<tr><td rowspan="3">任职时长</td><td>相关系数</td><td>-0.317</td><td>1.000</td></tr>
<tr><td>显著性检验（双尾）</td><td>0.059</td><td>—</td></tr>
<tr><td>自由度</td><td>34</td><td>0</td></tr>
</table>

针对假设 2 的设问，由于冲突处理方式可能受到两个因素或是 3 个因素的共同影响，故使用多因素方差分析法予以剖析。表 8－10 为 3 个因素的方差齐次性检验结果，显著性检验值为0.218，远大于0.05，说明各因素满足方差分析的前提条件。其最后运算结果如表 8－11 所示，可见年龄、学历及任职时长间的相互组合对冲突处理方式的影响并不显著，假设 2 不成立。亦即，

目前的样本也无法断定年龄、学历、任期时长与冲突处理方式间具交互作用。

表 8－10　方差齐次性检验结果

F 检验	自由度 1	自由度 2	显著性检验
1.427	15	22	0.218

注：无效假设为各自变量的误差离散值等于组间离散值。

表 8－11　冲突处理方式的多因素方差分析结果

统计源	Ⅲ型总方差	自由度	均方差	F 检验	显著性检验
年龄	8.755	3	2.925	2.670	0.073
学历	1.325	1	1.325	1.2110	0.283
任职时长	4.964	3	1.655	1.510	0.240
年龄 * 学历	0.143	1	0.143	0.130	0.722
年龄 * 任职时长	1.052	4	0.263	0.240	0.913
学历 * 任职时长	3.044	3	1.015	0.926	0.445
年龄 * 学历 * 任职时长	2.714	4	0.653	0.730	0.310
误差	24.100	38	1.095	—	—
合计	626.000	37	—	—	—

注：自变量为冲突的处理方式。

8.3　综合统计分析

综合分析部分拟从高层管理团队整体绩效出发，将冲突作为其中影响因素予以研究，从宏观角度把握冲突实质，分析其与其他影响因素间的关系及对高层管理团队绩效的贡献。

1. 高层管理团队冲突的关联分析

影响高层管理团队绩效的因素众多，主要包括团队冲突程度（EC：Extent of Conflict）、凝聚力（CF：Cohesion Force）、效能水平（LE：Level of Efficiency）、信任程度（ET：Extent of Trust）、接受意见程度（ESA：Extent of Suggestion Acceptance）、理解程度（EU：Extent of Understanding）、协作程度（ECN：Extent of Collaboration）、制度实施强度（III：Intension of Institution Implementation）、价值观趋同程度（EVC：Extent of Value Convergence）、愿意冒险程度（ERP：Extent of Risk Preference）10 个方面。问卷通过划分 5 个强度等级（很强、

强、一般、弱、较弱）供受访者选择，进而评价冲突与各因素间的关联关系。

由于问卷设定各观测值表明大小等级，故选用 Spearman 相关系数进行统计，其结果如表 8－12 所示。可见，团队冲突程度与其他因素的关系以“愿意冒险程度”最为显著，两者为正相关，即随着团队冲突程度的加剧，成员选择冒险的意愿将增加。与其余 8 个因素间相关系数的显著性检验均大于 0.05，说明冲突程度与这些因素的关联关系不明显。

2. 高层管理团队冲突的贡献分析

反映高层管理团队绩效的方式多样，问卷列出 7 个指标，分别从薪酬（S：Salary）、激励（M：Motivation）、评估（E：Evaluation）、文化氛围（CA：Culture Atmosphere）、工作压力（WP：Work Pressure）、沟通质量（CQ：Communication Quality）及决策质量（DQ：Decision－making Quality）维度进行评价，其评价基点围绕员工满意度，分“满意、一般、不满意”3 个等级予以测定。高层管理团队冲突对各绩效评级维度的贡献将通过多因素方差分析进行定位，并由曲线分析法确定贡献大小。

（1）分维定位。

进行多因素方差分析前需进行条件检验，其结果如表 8－12 所示。从表中可以看出，输出的显著性检验概率为 0.269，大于显著性水平 0.05，因此，可认为各维度的总体方差相等，满足方差分析前提条件。

表 8－12　高层管理团队冲突因子的相关系数

	EC	CF	LE	ET	ESA	EU	ECN	Ⅲ	EVC	ERP
EC	1	—	—	—	—	—	—	—	—	—
CF	－0.254 （0.123）	1	—	—	—	—	—	—	—	—
LE	－0.171 （0.305）	0.544＊＊ （0.000）	1	—	—	—	—	—	—	—
ET	－0.106 （0.525）	0.647＊＊ （0.000）	0.437＊＊ （0.006）	1	—	—	—	—	—	—
ESA	－0.222 （0.181）	0.449＊＊ （0.005）	0.462＊＊ （0.004）	0.598＊＊ （0.000）	1	—	—	—	—	—
EU	－0.256 （0.120）	0.354＊ （0.029）	0.146 （0.381）	0.407＊ （0.011）	0.600＊＊ （0.000）	1	—	—	—	—
ECN	0.098 （0.558）	0.391＊ （0.015）	0.461＊＊ （0.004）	0.530＊＊ （0.001）	0.521＊＊ （0.001）	0.604＊＊ （0.000）	1	—	—	—

续表

	EC	CF	LE	ET	ESA	EU	ECN	III	EVC	ERP
III	-0.099 (0.553)	0.440** (0.006)	0.618** (0.000)	0.470** (0.003)	0.670** (0.001)	0.479** (0.002)	0.712** (0.000)	1	—	—
EVC	0.176 (0.291)	0.390* (0.015)	0.486** (0.002)	0.462** (0.003)	0.276 (0.094)	0.244 (0.140)	0.542** (0.002)	0.603** (0.000)	1	—
ERP	0.338* (0.038)	0.181 (0.278)	0.176 (0.291)	0.385* (0.017)	0.367* (0.024)	0.235 (0.155)	0.379* (0.019)	0.398* (0.013)	0.598** (0.000)	1

注：*在0.05显著性水平上相关（双尾检验）；**在0.01显著性水平上相关（双尾检验）；括号中的数据表示显著性。

由于参与分析的维度组合多达127种，故仅列出离差平方和、F检验及显著检验值均有效的结果，见表8-13和表8-14。显然，薪酬和决策质量的交互作用与冲突程度的影响关系显著，而冲突程度对其余绩效维度或组合没有造成明显影响。

表8-13　高层管理团队冲突贡献的多因素方差分析检验

F	df1	df2	Sig.
1.357	21	16	0.269

表8-14　高层管理团队冲突贡献的方差分析

	总方差	自由度	均方差	F检验	显著检验
S	0.462	1	0.462	0.547	0.470
E	6.087	2	3.044	3.607	0.051
CA	5.634	2	2.817	3.338	0.061
WP	0.606	2	0.303	0.359	0.704
DQ	0.462	1	0.462	0.547	0.470
CA + WP	0.218	1	0.218	0.258	0.618
S + DQ	4.154	1	4.154	4.923	0.041

（2）估值定权。

由上述分析已知，冲突程度对薪酬和决策质量的组合绩效有显著影响。由于是组合维度，说明两者存在交互作用，为明晰冲突程度对其贡献大小，需剥离出一共同影响因子，去除其相互影响作用，用以指代组合绩效。该处拟使用因子分析法实现，其具体过程为：首先，印证薪酬和决策质量维度是否具相关关系（见表8－15），显著性检验值小于0.05，说明薪酬与决策质量相关关系显著且呈正相关，有进行因子分析的必要；然后，检验是否适合进行因子分析（见表8－16），Bartlett球体检验值为8.730，显著性检验值为0.003，说明可以接受因子分析；最后，度量新维度（为方便统计，将主成分设定为1个），如表8－17所示。新维度CP（Combination Performance）＝0.584×薪酬评估值＋0.584×决策质量评估值。

表8－15　薪酬和决策质量的相关分析

项目		薪酬	决策质量
相关性	薪酬	1.000	0.467
	决策质量	0.467	1.000
显著性单尾检验	薪酬	—	0.002
	决策质量	0.002	—

表8－16　薪酬和决策质量因子分析的Bartlett检验

球体检验	卡方检验近似值	8.730
	自由度	1
	显著性检验	0.003

表8－17　薪酬和决策质量的因子得分系数矩阵

项目	主成分1
薪酬	0.584
决策质量	0.584

冲突程度与组合绩效是否具某种函数关系为未知数。为探寻和揭示其本质联系，选用了线性、对数、倒数、二次多项式、三次多项式、指数等方程，复合、S形、生长等曲线及幂函数进行拟合，其结果如表8－18所示。10个模型的显著性检验值都为0.000，因此方程都具意义。但从拟合情况的优劣来看，三次方程式的拟合系数最大，因此选择其作为曲线关系表达式，即冲突程度对组合绩效的贡献大小为：$CP-3.96EC-1.6EC^2+0.186EC^3$。

表 8－18 曲线模型的检验报告

项目	模型概要					参数估计		
方程	拟合系数	F 检验	自由度 1	自由度 2	显著性检验	b1	b2	b3
线性	0.822	170.303	1	37	0.000	1.04	—	—
对数	0.659	71.493	1	37	0.000	2.68	—	—
倒数	0.750	111.087	1	37	0.000	4.02	—	—
二次多项式	0.909	179.428	2	36	0.000	2.20	－0.370	—
三次多项式	0.954	243.849	3	35	0.000	3.96	－1.6	0.186
指数	0.815	162.811	1	37	0.000	1.45	—	—
复合	0.653	69.738	1	37	0.000	0.964	—	—
S 形	0.743	106.965	1	37	0.000	1.45	—	—
生长曲线	0.815	162.811	1	37	0.000	0.375	—	—
幂函数	0.815	162.811	1	37	0.000	0.375	—	—

注：因变量为组合绩效，自变量为团队冲突程度。

8.4 企业高层管理团队冲突的结构方程模型实证

8.4.1 高层管理团队冲突的先行条件及其相关性

1. 高层管理团队冲突先行条件的特征

根据 Amason，A. C. 的观点，冲突可以划分为认知冲突（或任务冲突、实质冲突）和情绪冲突（或关系冲突）两大类，这两类冲突实质上是高层管理团队冲突的先行条件。其中，认知冲突主要是由于高层管理团队成员之间的认知差异导致的；而情绪冲突主要是高层管理团队成员之间情感上的原因（诸如怨恨、抱怨、不合）所引起。从直观来看，两者分别导致的结果不同，其中认知冲突可能促进集思广益，增强管理决策效果和质量；情感冲突可能降低成员之间的互信、破坏高层管理团队的内部团结。但是，在多种情况下，两者又是相互影响的。这主要表现在：

（1）大量认知冲突的累计可能上升为情绪冲突，特别是认知冲突的时间、内容及对象比较集中时。例如，在同一高层管理团队内，存在认知冲突的总是在两个人之间发生，可能个别成员认为对方对他有偏见或针对性，这种认识可能导致认知冲突升级为情绪冲突；在同一高层管理团队内多次出现某个人的认知与其他多数成员有差异，那么极容易让该成员感觉孤立或被排挤感，会导致认知冲突向情绪冲突转变，特别是当认知冲突时间比较集中时，冲突成员来不及“消化”认知冲突带来的一些心理异常。

（2）情绪冲突会导致成员之间形成心理隔阂，形成抵触心理，从而不会公正、客观地相互认识对方意见，最终形成认知冲突。人作为感性动物，高层管理团队内的成员也一样，也是感性的，所以，当成员之间出现情绪冲突时，可能需要相当的时间去磨合、去消除两者的隔阂，特别是心理的隔阂，否则，形成认知冲突是难免的。

由此可见，高层管理团队冲突的两个先行条件认知冲突和情绪冲突具有相关性：认知冲突是情绪冲突一个至关重要的可能性原因；情绪冲突是认知冲突不可忽视的原因，两者具有相互促进作用。所以，高层管理团队冲突的先行条件具有螺旋式自动升级功能。

2. 认知冲突与行为冲突的相关性证明

（1）概念性模型构建。

认知冲突、情绪冲突都是不易于测度的潜在变量，需要验证两者之间的相关性，基于结构方程模型原理，首先应对两变量设计问卷进行显化处理，设计如下问卷：

X_1. 从科学管理的角度来看，贵公司内是否有些制度、岗位、活动或业务是完全没必要存在的？

A. 的确有　B. 好像有　C. 或许有　D. 不太可能有　E. 完全没有

X_2. 您是否认为贵公司内的某些程序、行为方式或行动策略不合常理？

A. 的确有　B. 好像有　C. 或许有　D. 不太可能有　E. 完全没有

X_3. 您是否认为贵公司内高层管理团队成员之间的关系安排不当，违背了权责利对称、授权充分、条理清晰等管理原则？

A. 的确有　B. 好像有　C. 或许有　D. 不太可能有　E. 完全没有

X_4. 管理团队内是否有些人让您常情不自禁地抵制与其沟通、接触或合作？

A. 的确有　B. 好像有　C. 或许有　D. 不太可能有　E. 完全没有

X_5. 公司管理决策中是否有些事务让您情不自禁地回避？

A. 的确有　B. 好像有　C. 或许有　D. 不太可能有　E. 完全没有

X_6. 当您从管理团队中接受到某种使命或任务时，您是否经常情不自禁地按照自己的思路去执行，而不是查阅并参照公司现有的制度和程序执行？

A. 经常如此　B. 好几次如此　C. 偶尔如此

D. 很少如此　E. 从来没有

基于问卷，可以构建如图 8－3 所示的结构方程概念模型。其中，X_1，X_2，X_3，X_4，X_5，X_6分别对应于上述问卷中的 6 个问题。

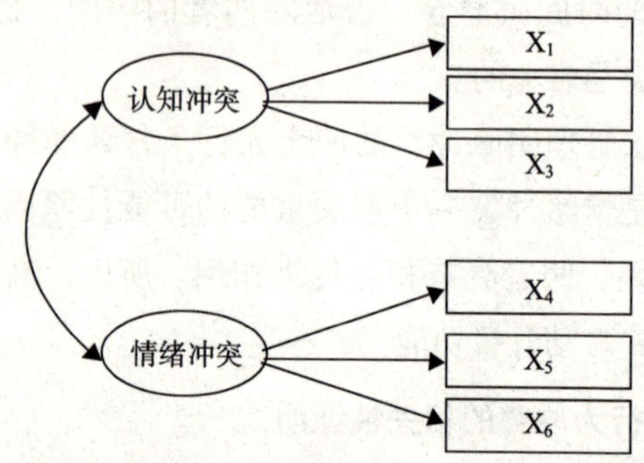

图 8－3　高层管理团队冲突先行条件相关性结构方程概念模型

（2）结构性模型验证。

为验证认知冲突与情绪冲突具有相关性，特在企业展开问卷调查，将调查获取的 228 份有效问卷采用 LISREL 8.30 软件模拟，模拟之后的结果如图 8－4所示。

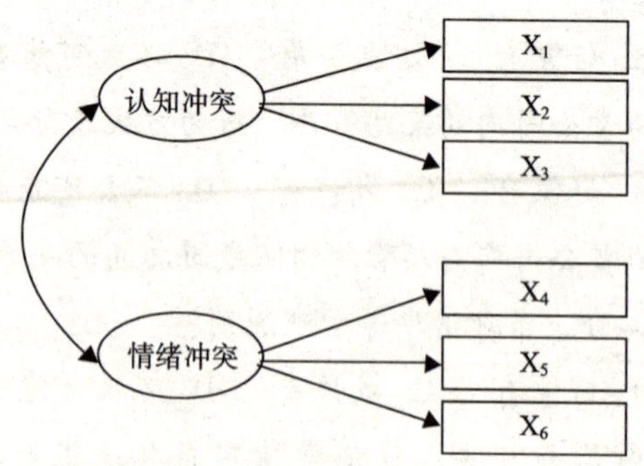

图 8－4　高层管理团队冲突先行条件相关性结构方程验证模型

图 8－4 所示模型的检验结果如下：

结构方程模型必须通过结构合理性检验、参数显著性检验和拟合度检验，才能认定假设模型与实际数据样本的一致性。在进行结构合理性检验时，如图8-4所示逻辑关系皆合理；在进行参数显著性检验时，发现所有参数都合格，在显著范围内；在进行拟合度检验时，选取的指标及其检验结果见表8-19。

表8-19 LISREL模型拟合测量指标

绝对拟合测量指标	概率比率卡方考验值（Normal Theory Weighted Least Squares Chi-Square）$x^2=113.80$
	适配度指标（Goodness of Fit Index，GFI）=0.71
	近似误差均方根（Root Mean Square Error of Approximation，RMSEA）=0.10
	期望复核效度指标（Expected Cross-Validation Index，ECVI）=4.67
	调整后适配度指标（Adjusted Goodness of Fit Index，AGFI）=0.90
增值拟合测量指标	非范拟合指数（Non-Normed Fit Index，NNFI）=0.90
	比较拟合指数（Comparative Fit Index，CFI）=0.91
	赋范拟合指数（Normed Fit Index，NFI）=0.93
	相对适配指标（Relative Fit Index，RFI）=0.91
简约拟合测量指标	简效规范适配指标（Parsimony Normed Fit Index，PNFI）=0.70
	简效良性适配指标（Parsimony Goodness of Fit Index，PGFI）=0.54

从表8-19可以看出：所有检验指数都符合要求，所以图8-4通过检验，由此可知认知冲突和情绪冲突之间的相关性得以验证。

8.4.2 高层管理团队冲突的“因果范式”

1. 高层管理团队冲突因果因素

角色冲突、信息冲突、利益冲突、文化冲突和建设性冲突、破坏性冲突之间构成因果关系，这种因果关系具有复杂性、差异性等特征。其中，复杂性是指它们之间的因果关系可能具有一个原因多个结果、多个原因一个结果、多个原因多个结果、原因交互或结果交互等多种模式。差异性是指不同的文化背景、不同的地区条件下，可能出现因果相关程度不同的特点。

2. 高层管理团队冲突“因果范式”概念模型

基于高层管理团队因果因素的特征及相关假设，可购置高层管理团队冲突“因果范式”概念模型。

基本假设：角色冲突、信息冲突、利益冲突、文化冲突等动因与建设性冲突、破坏性冲突等效果之间具有因果关系。

附加假设1：角色冲突、信息冲突、利益冲突、文化冲突之间的区别不明显，它们之间的关系具有模糊性。

附加假设2：角色冲突、信息冲突、利益冲突之间的区别不明显，且相互关系具有模糊性，但与文化冲突之间没有明显界限，易于区别。

附加假设3：建设性冲突和破坏性冲突两种效果之间的区别不明显，且相互关系具有模糊性。

依据基本假设和附加假设一、二、三，分别可构建如图8-5（a）、图8-5（b）、图8-5（c）、图8-5（d）所示的“因果范式”概念模型。

图8-5中，ξ_1、ξ_2、ξ_3、ξ_4 分别代表外生潜变量角色冲突、信息冲突、利益冲突和文化冲突；η_1、η_2 分别代表内生潜变量建设性冲突和破坏性冲突；$X_{ij}(i,j=1,2,3)$ 分别是外生潜变量 ξ_i 的显变量；$Y_{ij}(i=1,2,j=1,2,3)$ 分别是外生潜变量 η_i 的显变量；其中 Φ 为潜变量 ξ 的协方差矩阵；Ψ 为残差项 ζ 的协方差矩阵；γ_{ij} 为外生潜变量 η_i 与内生潜变量 ξ_j 的相关系数。

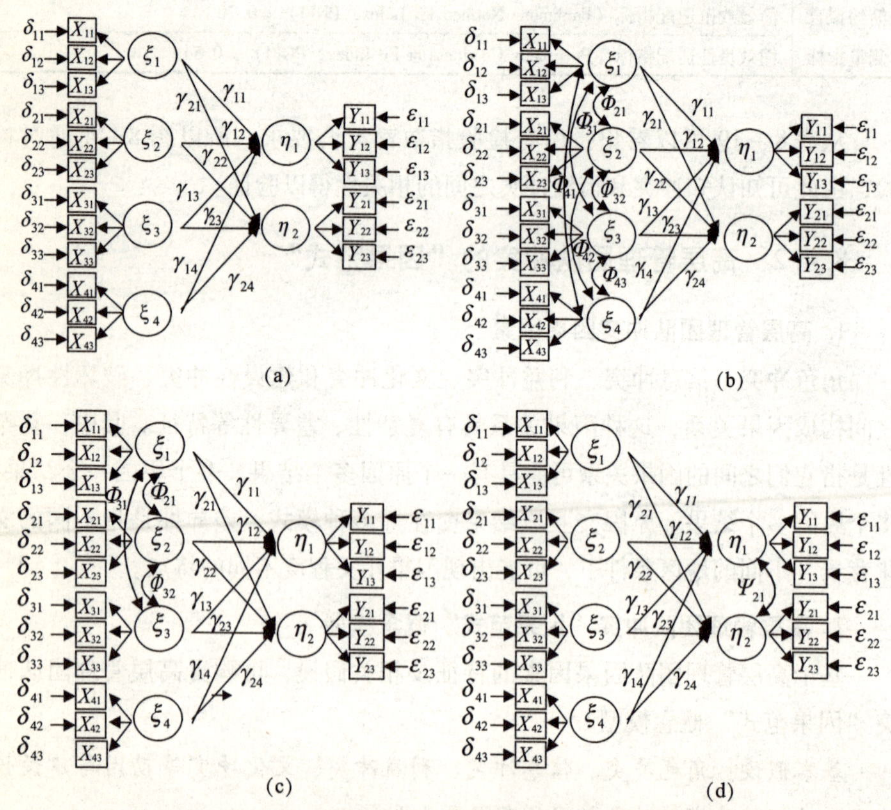

图8-5　高层管理团队冲突的“因果范式”结构方程概念模型

图 8－5 对应的结构方程如下：

测量方程：

$x = \Lambda_x \xi + \delta$

$$\begin{pmatrix} X_{11} & 0 & 0 & 0 \\ X_{12} & 0 & 0 & 0 \\ X_{13} & 0 & 0 & 0 \\ 0 & X_{21} & 0 & 0 \\ 0 & X_{22} & 0 & 0 \\ 0 & X_{23} & 0 & 0 \\ 0 & 0 & X_{31} & 0 \\ 0 & 0 & X_{32} & 0 \\ 0 & 0 & X_{33} & 0 \\ 0 & 0 & 0 & X_{41} \\ 0 & 0 & 0 & X_{42} \\ 0 & 0 & 0 & X_{43} \end{pmatrix} = \begin{pmatrix} LX_{11} & 0 & 0 & 0 \\ LX_{12} & 0 & 0 & 0 \\ LX_{13} & 0 & 0 & 0 \\ 0 & LX_{21} & 0 & 0 \\ 0 & LX_{22} & 0 & 0 \\ 0 & LX_{23} & 0 & 0 \\ 0 & 0 & LX_{31} & 0 \\ 0 & 0 & LX_{32} & 0 \\ 0 & 0 & LX_{33} & 0 \\ 0 & 0 & 0 & LX_{41} \\ 0 & 0 & 0 & LX_{42} \\ 0 & 0 & 0 & LX_{43} \end{pmatrix} \begin{pmatrix} \xi_1 \\ \xi_2 \\ \xi_3 \\ \xi_4 \end{pmatrix} + \begin{pmatrix} \delta_{11} & 0 & 0 & 0 \\ \delta_{12} & 0 & 0 & 0 \\ \delta_{13} & 0 & 0 & 0 \\ 0 & \delta_{21} & 0 & 0 \\ 0 & \delta_{22} & 0 & 0 \\ 0 & \delta_{23} & 0 & 0 \\ 0 & 0 & \delta_{31} & 0 \\ 0 & 0 & \delta_{32} & 0 \\ 0 & 0 & \delta_{33} & 0 \\ 0 & 0 & 0 & \delta_{41} \\ 0 & 0 & 0 & \delta_{42} \\ 0 & 0 & 0 & \delta_{43} \end{pmatrix}$$

$y = \Lambda_y \eta + \varepsilon$

$$\begin{pmatrix} Y_{11} & 0 \\ Y_{12} & 0 \\ Y_{13} & 0 \\ 0 & Y_{21} \\ 0 & Y_{22} \\ 0 & Y_{23} \end{pmatrix} = \begin{pmatrix} LY_{11} & 0 \\ LY_{12} & 0 \\ LY_{13} & 0 \\ 0 & LY_{21} \\ 0 & LY_{22} \\ 0 & LY_{23} \end{pmatrix} \begin{pmatrix} \eta_1 \\ \eta_2 \end{pmatrix} + \begin{pmatrix} \varepsilon_{11} & 0 \\ \varepsilon_{12} & 0 \\ \varepsilon_{13} & 0 \\ 0 & \varepsilon_{21} \\ 0 & \varepsilon_{22} \\ 0 & \varepsilon_{23} \end{pmatrix}$$

结构方程：

$\eta = B\eta + \Gamma\xi + \zeta$

$$\begin{pmatrix} \eta_1 \\ \eta_2 \end{pmatrix} = \begin{pmatrix} \gamma_{11} & \gamma_{12} & \gamma_{13} & \gamma_{14} \\ \gamma_{21} & \gamma_{22} & \gamma_{23} & \gamma_{24} \end{pmatrix} \begin{pmatrix} \xi_1 \\ \xi_2 \\ \xi_3 \\ \xi_4 \end{pmatrix} + \begin{pmatrix} \zeta_1 \\ \zeta_2 \end{pmatrix}$$

图 8－5 各模型的数理条件分别为：

①图 8－5（a）：$\Phi_{ij}(i \neq j = 1,2,3,4) = 0$；$\Psi_{ij}(i \neq j = 1,2) = 0$

②图 8－5（b）：$\Phi_{ij}(i \neq j = 1,2,3,4) \neq 0$；$\Psi_{ij}(i \neq j = 1,2) = 0$

③图 8－5（c）：$\Phi_{ij}(i \neq j = 1,2,3) \neq 0$；$\Phi_{ij}(j = 1,2,3;i = 4) = 0$；$\Psi_{ij}(i \neq j = 1,2) = 0$

④图 8－5（d）：$\Phi_{ij}(i \neq j = 1,2,3,4) = 0$；$\Psi_{ij}(i \neq j = 1,2) \neq 0$

3. 高层管理团队冲突“因果范式”理论模型

基于相应的调查问卷，围绕图 8－5 各模型的数理条件①、②、③、④，分别利用软件 LISREL 8.30 进行模型拟合，拟合之后的结果如下。

（1）模型 a、b、c 中各参数估计的 t 值绝对值都大于 2.58，即：模型 a、b、c 中各估计参数都达到了 0.01 的显著水准；模型 d 中参数 $\Psi_{21} = -0.006$，其 t 值的绝对值为 $0.203 < 1.96$，该估计参数未达到 0.05 的显著水准，其他估计参数都达到了 0.01 的显著水准。

（2）模型 a、b、c、d 的拟合指数如表 8－20 所示。

表 8－20　4 个模式的适配指标比较表

	模式	a	b	c	d
绝对适配量测	x^2	171.92	126.69	55.96	171.92
	(df)（p 值）	(126)（0.00）	(123)（0.00）	(120)（0.58）	(126)（0.00）
	GFI	0.924	0.932	0.946	0.924
	SRMR	0.0860	0.0768	0.0361	0.0860
	RMSEA	0.0625	0.0576	0.0476	0.0625
	ECVI	0.0926（SM）	0.0847（SM）	0.0717（M）	0.926（SM）
	AGFI	0.896	0.906	0.923	0.896
增值适配量测	NFI	0.877	0.886	0.912	0.877
	NNFI	0.896	0.903	0.935	0.896
	CFI	0.914	0.922	0.949	0.914
	IFI	0.915	0.923	0.950	0.915
	RFI	0.851	0.858	0.888	0.851
简效适配量测	PNFI	0.722	0.712	0.715	0.722
	PGFI	0.680	0.671	0.664	0.680
	Model AIC	461.917	422.686	357.955	461.917
	CN	222.705	234.711	297.965	222.705

从表8－20所示结果可知：模型a、b、c、d相比，模型c是最优的模型，拟合后的模型c参数模型如图8－6所示，在此称其为高层管理团队冲突“因果范式”理论模型。所以，基本假设一，附加假设一、二得到证实，附加假设三得到否定，即：建设性冲突和破坏性冲突两种效果之间的界限明显。

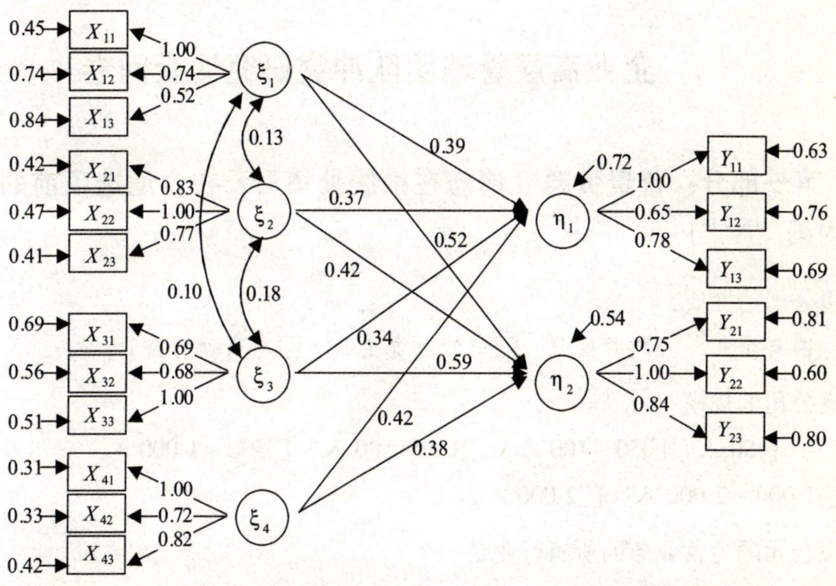

图8－6 高层管理团队冲突的“因果范式”理论模型

（3）高层管理团队冲突的“因果范式”理论模型剖析。

经过模型比较，优选图8－5（c）作为高层管理团队冲突的“因果范式”，基于该“范式”，可剖析当前国内企业（当前调查对象）高层管理团队冲突因果现状如下。

作为高层管理团队冲突的动因角色冲突、信息冲突、利益冲突和文化冲突，它们不仅会导致建设性冲突，而且还会导致破坏性冲突。就调查对象而言：①引起建设性冲突的主因是文化冲突；引起破坏性冲突的主因是利益冲突。②对比角色冲突、信息冲突、利益冲突和文化冲突对建设性冲突和破坏性冲突的影响，可见：文化冲突更易导致建设性冲突；角色冲突、信息冲突和文化冲突更易导致破坏性冲突。

附 录

企业高层管理团队冲突研究调查问卷

第一部分：背景资料（请您在横线处填写，在合适选项前的方格内画“√”）

1. 贵公司的性质：

□国有企业 □民营企业 □中外合资企业 □外商独资企业

2. 贵公司的规模：

□小于50人 □50~100人 □100~500人 □500~1 000人

□1 000~2 000人 □2 000人以上

3. 贵公司的主营业务的所属行业是：

□制造业 □批发、零售、住宿、餐饮 □建筑业

□社会服务业（旅游、娱乐、咨询、计算机服务业）

□金融业 □其他行业＿＿＿＿

4. 贵公司创立时间：

□80年代以前 □80年代 □90年代 □2000年以后

5. 贵公司近5年的年销售收入增长率i大约为：

□$i \leqslant 5\%$ □$5\% \leqslant i \leqslant 10\%$ □$10\% \leqslant i \leqslant 20\%$ □$20\% \leqslant i \leqslant 30\%$

□$30\% \leqslant i \leqslant 40\%$ □$40\% \leqslant i \leqslant 50\%$ □$50\% \leqslant i \leqslant 80\%$ □$i \geqslant 80\%$

6. 您的性别：

□男 □女

7. 您的年龄：

□29岁以下 □30~39岁 □40~49岁 □50岁以上

8. 您的职务：

□董事长 □总经理 □副总经理 □各部门经理或总监

□其他________

9. 您的受教育程度：

□大学专科及以下 □大学本科 □硕士研究生及以上

10. 贵企业高层管理团队包括：

□董事会正/副主席、首席执行官、首席作业主管、总裁、资深副总裁和执行副总裁等

□董事长、总经理、各部门总监等

□总经理、副总经理以及直接向他们汇报工作的高级经理

□其他________

11. 您所在高层管理团队的规模：

□1~5人 □6~10人 □11~15人 □16人以上

12. 您所在的高层管理团队已组建多久？

□1年以下 □2~5年 □6~9年 □10年以上

13. 近5年，贵公司是否有高层管理者因某些原因主动提出离职或调动工作？

□是 □否

如果“是”，其离职的主要原因是：

□利益分配不均 □权责不清 □发展空间小 □观念差异大

□家庭原因 □人际关系不合 □其他________

14. 请选出5项您认为企业高层管理团队领导者应具备的核心能力：

□协调能力 □沟通能力 □激励能力 □洞察能力 □学习能力

□应对能力 □风险承受能力 □创新能力 □判断能力 □决策能力

□规划能力 □从业经验

15. 如果您与您所在团队中的其他成员发生了矛盾，您一般的处理方式是：

□回避 □迁就 □妥协 □合作 □强迫 □邀请第三方干预

□其他________

第二部分：您所在的高层管理团队现状调查（请您在合适的方格内画“√”）

1. 贵企业高层管理团队整体评价量表（一）

评价标准 / 评价内容	很弱	弱	较弱	有点弱	一般	有点强	较强	强	很强
团队冲突程度									
团队凝聚力									
团队效能水平									
团队信任程度									
接受意见程度									
团队理解程度									
团队协作程度									
制度实施强度									
价值观趋同程度									
愿意冒险的程度									

2. 贵企业高层管理团队整体评价量表（二）

评价标准 / 评价内容	非常不满	不满意	较不满意	不怎样	一般	还行	较满意	满意	非常满意
对现有薪酬制度									
对现有激励制度									
对现有评估制度									
对企业文化氛围									
对目前工作压力									
团队沟通质量									
高层决策质量									

第三部分：企业高层管理团队致因调查（请您在合适选项前的方格内画“√”）

1. 从科学管理的角度来看，贵公司内是否有些制度、岗位、活动或业务是完全没必要存在的？

□的确有　□好像有　□或许有　□不太可能有　□完全没有

2. 您是否认为贵公司内的某些程序、行为方式或行动策略不合常理？

□的确有　□好像有　□或许有　□不太可能有　□完全没有

3. 您是否认为贵公司内高层管理团队成员之间的关系安排不当，违背了权责利对称、授权充分、条理清晰等管理原则？

□的确有 □好像有 □或许有 □不太可能有 □完全没有

4. 管理团队内是否有些人让您常情不自禁地抵制与其沟通、接触或合作？

□的确有 □好像有 □或许有 □不太可能有 □完全没有

5. 公司管理决策中是否有些事务让您情不自禁地回避？

□的确有 □好像有 □或许有 □不太可能有 □完全没有

6. 当您从管理团队中接受到某种使命或任务时，您是否经常情不自禁地按照自己的思路去执行，而不是查阅并参照公司现有的制度和程序执行？

□经常如此 □好几次如此 □偶尔如此 □很少如此 □从来没有

7. 当属于您职责范围内的事情被安排到其他人时，您是否会抱怨这项安排？

□的确有 □好像有 □或许有 □不太可能有 □完全没有

8. 当您遇到与自己职责无关的事情时，您是否经常会消极参与、置之不理或拒绝执行？

□经常如此 □好几次如此 □偶尔如此 □很少如此 □从来没有

9. 当别人跨越到您的职责范围内时，您是否会心存抱怨或心存怨恨？

□的确有 □好像有 □或许有 □不太可能有 □完全没有

10. 当别人提供的信息导致您的决策失误或做事失败时，您是否心存抱怨？

□的确有 □好像有 □或许有 □不太可能有 □完全没有

11. 与管理团队内的其他成员发生争论是非常普遍的，当争论之后，您是否发现引起争论的原因是你们的知识结构差异？

□经常如此 □好几次如此 □偶尔如此 □很少如此 □从来没有

12. 您是否经常无法获取充分的信息而抱怨公司现有的体制，或其他人信息提供不够？

□经常如此 □好几次如此 □偶尔如此 □很少如此 □从来没有

13. 当某项决策危害您或您下属的利益时，你是否会力争挽回？

□经常如此 □好几次如此 □偶尔如此 □很少如此 □从来没有

14. 当某项制度危害您或您下属的利益时，你是否会强烈要求改革？

□经常如此 □好几次如此 □偶尔如此 □很少如此 □从来没有

15. 当某项制度的出台或某项决策的执行会增加某些人的利益，而对自己的利益的影响甚微甚至有损失时，您是否会心存抱怨或心感不公？

□经常如此 □好几次如此 □偶尔如此 □很少如此 □从来没有

16. 当您刚进入公司时，常常会有些制度或做事方式与您以前遇到的不同，这时，您是否会强烈要求改革，或感觉公司制度的落后？

□经常如此 □好几次如此 □偶尔如此 □很少如此 □从来没有

17. 当别人的决策意见与您的风险偏好不合时，您是否会竭力展现您的意见，甚至力争按照您的风险偏好办事？

□经常如此 □好几次如此 □偶尔如此 □很少如此 □从来没有

18. 高层管理团队内是否有些成员的生活方式、做事方式、为人方式令您不习惯，甚至看不惯？

□经常如此 □好几次如此 □偶尔如此 □很少如此 □从来没有

19. 您是否认为您所在的高层管理团队内有良好的竞争氛围，且这种氛围鼓励和尊重不同的声音存在？

□的确有 □好像有 □或许有 □不太可能有 □完全没有

20. 您是否经常能从高层管理团队内的不同声音中获取不匪的收益？

□经常如此 □好几次如此 □偶尔如此 □很少如此 □从来没有

21. 您是否认为同事之间的争辩有利于决策的科学化，并给公司带来更多收益？

□的确如此 □好像如此 □或许如此 □不太可能是这样

□完全不是这样

22. 您是否认为同事之间的争辩有利于高层管理团队的团结、和睦，且能促进沟通效果？

□的确如此 □好像如此 □或许如此 □不太可能是这样的

□完全不是这样

23. 您是否遇到过高层管理团队成员之间发生争吵、辱骂、恐吓、甚至殴打的事件？

□经常如此 □好几次如此 □偶尔如此 □很少如此 □从来没有

24. 您所在的高层管理团队中是否有“派系”之说，或您在心底里感觉与团队内的某些成员更近？

□的确有　□好像有　□或许有　□不太可能有　□完全没有

25. 您是否认为您所在的高层管理团队成员之间存在相互猜疑、防备、或背后攻击的现象？

□的确有　□好像有　□或许有　□不太可能有　□完全没有

参考文献

[1] Hambrick, D. C., Mason, P. A. Upper echelons: The organization as a reflection of its top managers[J]. Academy of Management Review, 1984(9): 193 – 206.

[2] Michel, J. G., Hambrick, D. C. Diversification posture and top management team characteristics [J]. Academy of Management Journal, 1992(35)9 – 37.

[3] Finkelstein, S., Hambrick, D. C. Strategic leadership: Top executives and their effects on organization[M]. Minneapolis: West Publishing, 1996.

[4] Allen C. Amason, David M. Schweiger. Resolving the Paradox of Conflict, Strategic Decision Making, and Organizational Performance[J]. International Journal of Conflict Management, 1994, Vol. 5 Iss: 3, pp. 239 – 253.

[5] Amason, A. C. Distinguishing the effects of functional and dysfunctional conflict on strategic decision making: Resolving a paradox for top management teams[J]. Academy of Management Journal, 1996(39): 123 – 148.

[6] Amason, A. C., Sapienza, H. J. The effects of top management team size and interaction norms on cognitive and affective conflict[J]. Journal of Management, 1997(23): 495 – 516.

[7] Amason, A. C., Mooney, A. C. The effects of past performance on top management team conflict in strategic decision making[J]. International Journal of Conflict Management. 1999, 10(4): 340 – 359.

[8] Jehn, K. A. Enhancing effectiveness: an investigation of advantages and disadvantages of value-based intragroup conflict [J]. International Journal of Conflict Management, 1994 (5): 22 – 238.

[9] Jehn, K. A., Northcraft, G. B., Neale, M. A. Why differences make a difference: A field study of diversity, conflict, and performance in workgroups[J]. Administrative Science Quarterly, 1999(44): 741 – 763.

[10] Fleishman, E. A., Mumford, M. D., Zaccaro, S. J., et al. Taxonomic effects in the description of leader behavior: a synthesis and functional interpretation[J]. The Leadership Quarterly, 1991, 2(4): 245 – 287.

[11] Akaike, H. Information theory and an extension of the maximum likelihood principle[J]. Second International Symposium on Information Theory, 1980(14): 267 – 281.

[12] Ancona, D. G., D. F. Caldwell. Demography and design: Predictions of new product team performance[J]. Organization Science, 1985(3): 321 – 341.

[13] James W. Fredrickson. The comprehensiveness of strategic decision processes: extension, observations, future directions [J]. The Academy of Management Journal, 1984, 27 (3): 445 – 466.

[14] Michel, S. E. Jackson. Top management and innovation sin banking: Does the composition of the top team make a difference[J]. Strategic Management Journal, 1989(10): 107 – 124.

[15] Smith, K. G., Smith, K. A., Olian, J. D., Sims, H. P., O' Bannon, D. P., Scully, J. A. Top management team demography and process: the role of social integration and communication [J]. Administrative Science Quarterly, 1994, 39 (3): 412 – 438.

[16] Murray, A. Top management group heterogeneity and firm performance[J]. Strategic Management Journal, 1989(10): 125 – 141.

[17] Marta A. Geletkanycz, Donald C. Hambrick. The external ties of top executives: implications for strategic choice and performance[J]. Administrative Science Quarterly, 1997: 42 – 50.

[18] W. M. Gerard Sanders, Mason A. Carpenter. Internationalization and firm governance: the roles of CEO compensation, top team composition, and board structure[J]. The Academy of Management Journal, Special Research Forum on Managerial Compensation and Firm Performance, 1998, 41(2): 158 – 178.

[19] Li J., Xin K R, TsuiA, et al. Building effective international joint venture leadership teams in China[J]. Journal of World Business, 1999, 34 (1): 52 – 61.

[20]孙海法,伍晓奕.企业高层管理团队研究的进展[J].管理科学学报,2003,6(4):82 – 89.

[21]王飞,张小林.企业高层管理团队国际化的研究[J].技术经济与管理研究,2005(3):32 – 33.

[22]赵峥,井润田.建立高层管理团队的时机分析[J].管理评论,2005,17(2):17 – 21.

[23] Kamm, J. B., Shuman, J. C., Seeger, J. A., Nurick, A. J. Entrepreneurial teams in new venture creation: a research agenda[J]. Entrepreneurship Theory and Practice, 1990, 14(4): 7 – 17.

[24] Hickson, D. M., Butler, R. J., Cray, D., Mallory, G. R., Wilson, D. C. Top decision: strategic decision – making in organization[M]. San Francisco: Jossey – Bass, 1986: 649 – 650.

[25] Jackson, S. E. Top management teams and organizational renewal[J]. Strategic Management Journal, 1992(10): 87 – 105.

[26] Eisenhardt, K. M., Bourgeois, L. J. Politics of strategic decision making in high velocity environments: Toward a midrange theory [J]. Academy of Management Journal, 1988, 31

(4):737-770.

[27]孙海法.现代企业人力资源管理[M].广州:广州中山大学出版社,2002:459-483.

[28] Hay,D. Social conflict in early childhood[J]. Annals of Child Development,1984,1(1):1-44.

[29] Pondy,Louis R. Organizational Conflict:Concepts and Models. Administrative Science Quarterly,1967,12(Sept):296-320.

[30] Stephen P. Robbins. Organizational Behavior [M]. Ninth Edition, Prentice Hall, 2001:32-105.

[31]张丽华,李元墩,杨德礼.合资企业的跨文化冲突及其管理[J].大连理工大学学报,1999,20(2):25-33.

[32]戴桂斌.科塞社会冲突论的历史地位[J].襄樊学院学报,2005,26(6):46-49.

[33]青平.企业管理层与被管理层冲突的社会学分析[J].华中农业大学学报(社会科学版),1999(3):39-41.

[34]李琼.社会冲突的新视角:边界冲突[J].学术探索,2004(10):67-72.

[35] Hannan,M. T.,Freeman,J. H. The population ecology of organizations[J]. American Journal of Sociology,1977,(82):929-964.

[36] Carroll G. R. Ecological Models of Organization [M]. Cambridge, MA: Ballinger. 1988:233-256.

[37] Singh J. V. Organizational Evolution: New directions [M]. Newbury Park, CA: Sage, 1990:104-160.

[38] Baum,J. A. C.,Singh,J. V. Evolutionary dynamics of organizations[M]. New York:Oxford University Press,1994:36-75.

[39] Hannan M. T. Competitive and institutional processes in organizational ecology[J]. Technical report,Department of Sociology,Cornell University,Ithaca,NY. 1986:13-86.

[40] Barnett W. P.,Amburgey T. L. Do larger organizations generate stronger competition[J]. In J. Singh(Ed.),Organizational evolution:New directions:78-102. Newbury Park,CA:Sage. 1990:78-102.

[41] Baum,J. A. C.,Oliver,C. Institutional embeddedness and the dynamics of organizational populations[J]. American Sociological Review,1992,(57):540-549.

[42] Hannan M. T.,Carroll G. R. Dynamics of organizational populations[M]. New York:Oxford University Press,1992:175-230.

[43] Freeman,J. H. Ecological analysis of semiconductor firm mortality[J]. Organizational evolution:New directions. Newbury Park,CA:Sage,1990:53-77.

[44] Meyer, M. W., Zucker, L. G. Permanently failing organizations[M]. Beverly Hills, CA: Sage. 1989:65 – 80.

[45] Wu, H., Sharpe, P. J. H., Walker, J. & Penridge, L. K. Ecological field theory (EFT): A spatial analysis of resource interference among plants. Ecol. Model. 1985(29):215 – 243.

[46]马世骏.现代生态学透视[M].北京:科学出版社,1990:65 – 90.

[47]钱学森等.论系统工程[M].长沙:湖南科学技术出版社,1982:245 – 270.

[48] Glansdorff P. Prigogine. Thermodynamic Theory of Structure[J]. Stability and Fluctuations. New York: Wiley. 1971:203 – 240.

[49] Haken H. Advanced Synergetics[M]. New York: Springer – Verlag, 1983:199 – 250.

[50] Eisenhardt, Kahwajy, Bourgeois. How management teams can have a good fight[J]. Harvard Business Review. 1997, 75(4):77 – 85.

[51] Jehn, K. A., Mannix, E. A. The dynamic nature of conflict: A longitudinal study of intra – group conflict and group performance [J]. Academy of Management Journal, 2001 (44):238 – 251.

[52] Jehn, K. A., Chadwick, C., Thatcher, S. M. To agree or not to agree: The effects of value congruence, individual demographic dissimilarity, and conflict of workgroup outcomes[J]. The International Journal of Conflict Management, 1997, 8(4):287 – 305.

[53] Knight, D., Pearce, C. L., Smith, K. G., Olian, J. D., Sims, H. P., Smith, K. A., Flood, P. Top management team diversity, group process, and strategic consensus[J]. Strategic Management Journal, 1999(20):445 – 465.

[54]甘怡群,张妙清,宛小昂,孙增霞.用中国人个性量表(CPAI)预测国有企业中高层管理者的绩效[J].应用心理学,2002,8(3):35 – 39.

[55] Pfeffer J. Managing with power: politics and influence in organizations[M]. Boston: Harvard Business School Press, 1992:188 – 198.

[56] Shen, W., Cannella, A. A. Revisiting the performance consequences of CEO succession: The impacts of successor type, post – succession senior executive turnover, and departing CEO tenure[J]. Academy of Management Journal, 2002, 45(4):717 – 733.

[57]彭泗清.信任的建立机制:父系运作与法制手段[J].礼会学研究,1999(2):21 – 25.

[58]李伟民,梁玉成.特殊信任与普遍信任:中国人信任的结构与特征[J].社会学研究,2002(3):11 – 12.

[59]梁克.社会关系多样化实现的创造性空间——对信任问题的社会学思考[J].社会学研究,2002(3):1 – 10.

[60] Simons, T. L., Peterson, R. Task conflict and relationship conflict in top management teams:

The pivotal role of intragroup trust[J]. Journal of Applied Psychology,2000(85):102-111.

[61] Porter,T. W. ,Lilly,B. S. The effects of conflict,trust,and task commitment on project team performance[J]. International Journal of Conflict Management,1996,7(4):361-376.

[62] Jehn K. A qualitative analysis of conflict types and dimensions in organizational groups[J]. Administrative Science Quarterly,1997(42):530-557.

[63] Torrance E. Group decision making and disagreement[J]. Social Forces,1957(35):314-318.

[64] Lott AJ,Lott BE. 1965. Group cohesiveness as interpersonal attraction:a review of relationships with antecedent and consequent variables. Psychol. Bull. 64:259-309.

[65]雒永信,聂锐. 凝聚力的科学表达式及其对管理的启示[J]. 领导科学,2006(20):44-45.

[66]赵曙明. 中国企业集团文化建设与凝聚力研究[J]. 江苏行政学院学报,2003(2):50-56.

[67]陈传明,陈松涛. 高层管理团队战略调整能力研究——认知的视角[J]. 江海学刊,2007(1):213-219.

[68]刘军,李永娟,富萍萍. 高层管理团队价值观共享、冲突与绩效:一项实证检验[J]. 管理学报, 2007,4(5):644-653.

[69]王国锋,井润田. 企业高层管理者内部冲突和解决策略的实证研究[J]. 管理学报. 2006,3(2):214-221.

[70]葛玉辉. 基于人力资本价值因子的高层管理团队与企业绩效关系模型研究[J]. 科学学与科学技术管理,2007,28(8):160-165.

[71]伍剑琴. 实证分析高层管理团队的任期对绩效的影响[J]. 河南商业高等专科学校学报. 2005,18(2):21-23.

[72]赵春明. 团队管理[M]. 上海:上海人民出版社,2002:9-21.

[73]易英,刘震宇. 网络竞争中的切换成本与锁定效应的分析和模拟[J]. 厦门大学学报(自然科学版),2003,4(26):718-722.

[74]青平. 现代企业的新型管理模式:冲突管理[J]. 科技进步与对策,2002,19(10):51-53.

[75]于语和,刘志松. “和谐社会”溯源——以传统政治文化为中心[J]. 徐州师范大学学报:哲学社会科学版,2007,33(1):71-77.

[76]黎红雷. 儒家的和谐哲学及其在当代中国的运用[J]. 现代哲学,2006(3):52-55.

[77]席酉民,尚玉钒. 和谐管理理论[M]. 北京:中国人民大学出版社,2002:17-96.

[78]牛彦峰,王业. 和谐团队的哲学研究:基于解构主义思维[J]. 河南广播电视大学学报,2007,20(3):30-32.

[79]李焕荣,张晓芹.民营企业高层管理团队冲突和谐管理模型研究[J].工业技术经济,2007,26(8):120-123.

[80]吴雯芳.人员管理[M].北京:中国人民大学出版社,2004:20-45.

[81]王嘉寅,许晓雯.项目团队和谐度的响应模型分析[J].数学的实践与认识,2007,37(16):117-121.

[82]阚卫华,宋波,崔坤家.从木桶理论看和谐团队建设[J].中国水运,2007,07(11):203-204.

[83]唐莉芳.人性化管理与构建和谐团队的思考[J].科学论坛、管理科学,2007:160-161.

[84]戴伟辉,周瑛.基于知识的企业高层管理团队优化配置研究[J].科技进步与对策,2006,23(10):181-184.

后 记

本书是在我博士学位论文的基础上做了较大的修改、凝练而成。其中，删除了部分在目前看来比较陈旧的数据和事例，对部分模型、图表进行了改进，增加了部分论述及模型，修正了少量叙述或文字错误。

本书的完成首先要感谢谢科范教授，也是在他的指导和帮助下，本书才得以顺利完成和出版。

感谢武汉理工大学管理学院邓明然教授、程国平教授、刘国新教授、杨青教授对我的指导和关怀。

感谢学院所有院领导对我的关心，感谢办公室老师对我的多方照顾，感谢戴继平老师、吴文莉老师、林凡老师、陈彦启老师、郭倩老师、王文婷老师对本书调研工作的大力支持。

感谢陈刚、董芹芹、夏谦谦、吴倩，他们给予了我极大的鼓励与帮助；感谢彭华涛博士对我的关照，他的很多思路给我以很好的启发。

感谢高维义博士、戴开富博士、桂萍博士、马颖博士、刘介明老师、罗险峰老师、阎明博士、晏文胜博士、张涛博士、刘凤军同学、艾成林同学、王静同学、陶权同学、李潮欣同学、黎慧同学、刘骅同学、杜景姝同学、邱实同学、王苑同学等的帮助和友情。

最后还要感谢我的父母及先生，他们在我人生道路上一直默默地支持我、关心我和鼓励我，正是他们的爱不断地激励着我，使我能勇敢地去面对各种逆境、挑战自己。

陈　云

2011 年 6 月 20 日